盘锦市非物质文化遗产概览

PANJINSHIFEIWUZHI
WENHUAYICHANGAILAN

张 明 ◎ 著

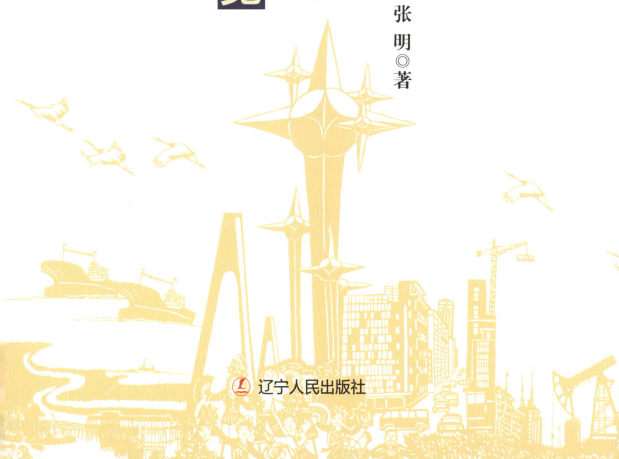

辽宁人民出版社

图书在版编目（CIP）数据

盘锦市非物质文化遗产概览 / 张明著 . —沈阳：辽宁人民出版社，2023.10

ISBN 978-7-205-10819-9

Ⅰ . ①盘… Ⅱ . ①张… Ⅲ . ①非物质文化遗产—介绍—盘锦 Ⅳ . ①G127.313

中国国家版本馆CIP数据核字（2023）第153824号

出版发行：辽宁人民出版社

　　　　　地址：沈阳市和平区十一纬路25号　　邮编：110003

　　　　　电话：024-23284321（邮　购）　　024-23284324（发行部）

　　　　　传真：024-23284191（发行部）　　024-23284304（办公室）

　　　　　http://www.lnpph.com.cn

印　　　刷：辽宁新华印务有限公司

幅面尺寸：180mm×280mm

印　　张：15.25

字　　数：267千字

出版时间：2023年10月第1版

印刷时间：2023年10月第1次印刷

责任编辑：祁雪芬

封面设计：琥珀视觉

版式设计：姿　兰

责任校对：吴艳杰

书　　号：ISBN 978-7-205-10819-9

定　　价：68.00元

前　言

　　辽河三角洲为中国四大河口三角洲之一，盘锦市占据其核心位置。生活在辽河三角洲这片扇形冲积平原上的人们，在业已经历的漫长时光中，由于河口地理环境、历史传承以及农商渔三位一体的生态民俗等多种因素的影响和制约，形成了一种别具风貌的文化形态——辽河口文化。各类传统文化在自然和人文环境下相互依存、共荣共生，从而形成滨海、临河、内陆三个文化生态群落。

滨海者，近海捕捞，渔雁文化深度发育

　　辽东湾系中国渤海三大海湾之一，亦是指中国纬度最高的海湾。盘锦海岸为淤泥质平原海岸，内侧为海滨低地，部分为盐碱地或芦苇地，外侧为淤泥滩，本地也称"宝泥滩"。盘锦市域拥有海岸线107公里，占渤海辽东湾整个海岸线76.9%。"宝泥滩"的淤泥提供了丰饶的藻类，极其适合贝类的生产，又吸引鱼虾洄游来此排卵甩籽繁衍，素有"肥沃的海田"之美誉。在很长一段历史时期里，全国沿海渔民都持续着一种候鸟式的捕捞方式。春季开海之后，渔民由四面八方汇聚到二界沟，以其为落脚点，在辽东湾进行为期数个月的近海捕捞。冬天封海之前，沿水路和陆路再返回各自的家乡。年复一年，周而复始，逐渐形成人类于谋生过程中所孕育的一种文化形态，即"渔雁文化"。渔民落脚的二界沟渐次发展为渔村，渔雁文化在此得到了深度发育并最终成熟。

　　海洋非物质文化遗产即是当地渔民传统的生产生活方式。古渔雁民间故事是第一批国家级非遗代表性项目名录项目，与其他海岛渔村的民间文学有着很大的不同，在内容上带有鲜明的迁徙式生计特点和原始文化遗韵，对该

群体的历史生活习俗与传统、信仰等有全方位的反映。"二界沟排船"是指由二界沟镇从事特殊捕捞生计群体创造的，以手工方式制造大型木质船舶的传统技艺。经过200余年的演变，现今依旧保持着手工制造和民俗活动相结合的制作方式，充满人情味。项目已被辽宁省政府列入第五批省级非物质文化遗产保护名录。由于水产品保鲜期短，渔民在长期实践中，创造了海产品加工技艺，较为典型的是虾酱、虾油制作技艺，亦是渔雁文化的一个经典。传统饮食在当地具有深厚的群众基础，在二界沟依靠口传身授世代传承，具有极高的文化价值和现实意义。渔家号子是二界沟当地渔民劳作时唱的号子。旧时渔民在搭档（一种网具）、渔船上下坞、搭篷等劳动时强度较大，号子可使渔民们在繁重的劳作时做到步调一致，形成合力。随着现代机械的普及，能熟悉使用传统风船的渔民均已在65岁以上。渔俗现存"下坞山海""开海祭祀"等，体现渔民对海洋的感恩敬畏之心。另有"海上漂来"的大秧歌、网铺等渔俗文化形式。

临河者，往来贸易，商业文化影响深远

辽河是东北最大的水上物流通道，沟通中原与东北及内蒙古，是一条承载历史和文化的"黄金水道"。18世纪20年代至19世纪40年代，正值东北开发迅速阶段，关内外物产交流兴旺，南来船只，北来大车，催生出辽河沿岸众多码头。码头门纳潮声、地接平畴，商贸活动频繁。在经济的拉动下，直隶鲁豫东北等多地文化聚集于此，碰撞融合，迅速形成商业文化，与之相关的服务业、娱乐业随之兴盛。时间推移，辽河里没有了高粱茬子式的桅杆，与之伴生的商贸悄然落寞，但一些文化形式和观念却得以保存，依旧能窥见辽河昔日的喧嚣和繁盛。成型快、发展快、变化快是码头文化的特征，作为河口码头的田庄台镇最具代表性。

熙熙攘攘，利来利往，商业影响人们的生活方式。田庄台是早于营口的辽河航运码头，被清政府称为"商贾辐辏之地"，亦是本境最具影响的文化发祥地。根据崇兴寺碑文记载，田庄台庙宇可保守推断到明朝隆庆年间。经过6个多世纪的发展演变，田庄台镇诸多宝贵的文化遗产得到了传承，并在岁月的洗礼下，凝结成一串串鲜活的历史元素和文化符号，蕴含着丰富的多地区文明，文化群落具有鲜明的水运商贸特征。

随着时光流转，大辽河千帆静待的繁华已然不在。原本悬匾挂幌的商铺也是寥寥无几，但小吃却在烟火缭绕中存续下来。其中，以烧鸡、老八件、月饼、盒糕、饺子、馅饼、切糕、油茶、元宵、三角粽较为典型，当然清真八大碗、"无鱼不成席"的水桌、扣肉、清真熏酱、生卤小海鲜等等亦是特色。因为味美价廉，被人们统称为田庄台小吃。建筑方面，田庄台较为突出的是庙宇建筑，包括硬山式坡屋顶营造、彩绘等。田庄台大院曾是境内较为突出的民居群，其中包括传统院落布局、硬山式囤顶民居，均为当地珍贵的文化符号。习俗活动丰富。有上元节送灯、中元节放河灯民俗活动，祭奠先人，同时表达对幸福、平安的祈求。每年农历四月十八望海观庙会、四月二十八崇兴寺庙会、五月十三关帝庙庙会各具特色。庙会实为古老的商业促销模式，兼具祭祀、交流感情和贸易往来等诸多民俗功能。传统舞蹈有龙舞、狮舞、高跷、秧歌等形式，在自身娱乐的同时，更是同求雨、祭祀、祈福、灯会等民俗活动结合在一起，世代传承。流传在当地的故事、传说、谚语等在民间口口相传，承载着辽河人家的处世哲学。

内陆者，涝捕鱼虾旱晒盐，风调雨顺种庄田

内陆文明可追溯到新石器时期，后因战乱等原因发育缓慢，至明代形成戍边文化体系。先人往往会"择高而立、枕水而居"，"无山多水少树"的地理环境，使得水系环绕的岗坨渐成村落。清中期，随着辽河通航，丰富的渔业、盐卤、苇草等资源吸引大量移民涌入，一众大车店、染坊、碱铺、盐圈、窝棚等散落于各地，加速了内陆的繁华。各地文化相融于此，"水、土地、资源、人"形成各自独立的生态圈，呈现多元融合的特征。人们最初为了生存需求，从自然中索取，随着生产力提高对自然进行改造，再到如今生态观念形成，有意识地养育自然。历史演进至今，形成具有堆积、包容、开拓特征的文化群落。此过程概括了文化与自然的相互关系，体现了人与自然和谐共生的精神内涵。

坐拥渔盐苇草之便利，人们"涝捕鱼虾旱晒盐，风调雨顺种庄田"，久而久之形成"好混穷、有吃烧"的生活态度，用时下的名词可解释为宜居。不知从何时起，人们以冰封草黄为信号，割苇的刀客就会奔赴苇塘，把成片的苇海放倒，垛成苇山。早在明代，苇席、苇笆、苇屏等就已被列为军需

品，本地也曾创造了年销30万领苇席的纪录。拍苫、苇编、苇画、蒲草编等仍是最具代表性的传统工艺美术。晒盐熬碱是较为传统的生产技艺，如今在西北部仍有生产活动。烧锅在东北工业初期发挥了重要作用，境内以田庄台烧锅、永顺泉烧锅最为知名。剪纸在辽河口区域分布较广，大量用于各类民俗活动中，以端午节剪纸较具代表性。满族民间服饰是我市满族文化的遗存，具有极高的文化、历史价值。众多满族服饰技艺涵盖其中，绣花大量用于服饰，满族传统符号聚集其上。掇绣、风筝、陶艺、木雕也是可圈可点。坑塘捕捞是较为普遍的民俗活动，一年四季都会开展渔猎活动，已然成为一种情怀。尤其腊八之后的冬捕，人们顶着严寒刨冰弄水，抛开技艺不讲，更像是一种虔诚，也是人们交流情感的一种方式。民俗以大集最为突出，多个大集皆约定好各个的集日，有生产能力的商贩会分别赶会，他们上午集上销售，下午居家生产，常年不辍。从腊八到二月二统称为过年，具有北方农耕文明的显著特征。小年很多人家要杀猪请客，叫"来往"，元宵节举办规模不一的灯会；娱乐方面，朝鲜族农乐舞在辽河口地区已传承了近一个世纪。舞狮、皮影戏、地秧歌、高跷较为突出。大鼓书曾兴盛一时。评剧有着较强的群众基础。近年来很多年轻人举办传统婚礼，花轿得以恢复。

2021年，"辽河口文化"被盘锦市政府列入《盘锦市"十四五"规划和二〇三五年远景目标纲要》。相信在市委、市政府的领导下，在社会各界的支持下，辽河口文化内涵将不断提升，增强市民文化自信心和自豪感的同时，助力我市经济社会发展。非物质文化遗产作为辽河口文化的重要组成部分，肩负责任并发挥价值，必将呈现出蓬勃发展的良好态势。

目　录

传统戏曲

传统杂技与竞技

传统美术

传统手工技艺

民　俗

附　录

民间文学

民间文学在浩瀚的历史长河之中，见证与推动了中华区域文明的演变与发展。作为人类的启蒙文学，民间文学培育并树立了一代又一代人的人生观和价值观。这一"母体文学"在时光的洪流里，以其生生不息的原动力，镌刻了无数经典而绚烂的历史印记。

故事/ 古渔雁民间故事

在辽宁省盘锦市大洼区二界沟街道有着这样一类渔民群体，他们采取迁徙式的渔猎谋生方式，如候鸟一样春来秋走，被学者称为渔雁部落。

二界沟街道原为渤海辽东湾的一座小渔村。关于二界沟的历史，《盘锦市志（工业卷）》第二章有着寥寥几笔："1508年，双台子河口地震，渔村荒废。"可推断出在明正德三年之前，此地具备村落雏形。二界沟系辽东湾潮汐反复冲击而成的一条大潮沟，沟宽水深，渔船出入便利。潮沟与辽东湾海

渤海辽东湾最大的渔港——二界沟渔港　宗树兴　摄

域交汇之处，方便打鱼人站脚休息，渐渐形成村落。因二界沟沟东地势较高适宜居住，沟西地势较低且遍野皆是成片的赤碱蓬，明末清初称之为"红草村"。清中后期，沟东、沟西分属海城县、广宁县管辖，故命名为二界沟，取两县分界之意。

二界沟之所以会出现这一迁徙式群体，原因可归纳成两点：一是地理环境决定。二界沟地处渤海辽东湾北部，西南临辽河口海域渔场，渔场水质肥沃、资源富饶，且有辽河等江河水注入，吸引着"渔雁"来此捕捞。加之位于中国最北海岸线，冬季海河结冰，寒冷让渔业活动"封河罢海①"。丰饶的渔业资源和漫长的冬季歇渔促成了迁徙现象。二是社会环境所致。明清两代对沿海渔民实施严厉的渔禁政策，《闽浙总督满保遵旨条奏查覆全铎所陈海疆事宜折》（雍正二年四月十三日）记录："沿海穷民多以采捕为主，非深水大洋不能得鱼鲜。"应该说，渔禁制度加速了沿海"穷民"的流动，使明清时期渔民的迁徙成为必然。

渔雁在当地分"陆雁"和"水雁"，顾名思义，渔民会沿着两条路线迁徙。"水雁"可以像蜂农追赶花期一样，追逐着洄游的鱼群，沿着海岸线在各个河口处一路打鱼迁徙。为什么一部分渔民会分流成"陆雁"？原因有很多，比如"截沟挡流""推虾挖蛤"这部分渔民，因为没有渔船作为交通工具，只能徒步返乡。还有一部分就是有船的渔民，主要原因就是成本核算，据盘锦远航船厂厂长张兴华口述："古时候对铁的管制特别严，渔民的渔船一般很简陋，都是薄板排成的，用锔钉②连接木构件，这一船铁件儿在当时是最值钱的！有的渔船坏了压根不修，把锔钉拆下来藏好，来年回来再造新船。"由此可见，渔雁群体也会算经济账，出现"陆雁"应该也是无奈之选。很难判断"陆雁"和"水雁"谁最先出现在历史隧道中，也许他们就是在海岸线上并列而行，年复一年地从事季节性捕捞。因鲜有文字记载，他们所承载的文化完全靠口传身授的形式传承下来，形成东北亚地区独有的海洋文明遗存——古渔雁文化。其中，"古渔雁"民间故事以别样的口述史方式，为"古渔雁"群体的生存史与发展史留下鲜活的注脚。因其重要的文化价值，

---

① 二界沟当地俗语。
② 锔钉：造船时两种铁质连接件，分别为锔和钉。

二界沟文蛤卸船　宗树兴　摄

2006年被国务院列入首批国家级非物质文化遗产代表性项目名录。

　　辽河口海域的"古渔雁"以口耳相传的方式传承"神话、传说、故事、歌谣、谚语"等口头文学。"古渔雁"文学是传递于渔民之间的活态历史。迁徙的特殊性，使"古渔雁"文学与内陆山川、平原、草原以及海岛区域的口头文学有所不同，在内容和形式上都带有鲜明的"渔雁"生活特点和原始的文化韵味。归纳起来有三点：第一，与捕捞生活息息相关。"古渔雁"民间故事是以捕捞为生计的特殊群体的口头文学，其传承历经千百年的岁月。从内容上看，主要反映了这一群体对"渔雁"始祖的追怀，对海王、龙王和大自然的崇拜，对远古时代渔雁生活足迹的描述，对"古渔雁"群体中英雄人物的颂扬，对生产与生活中祭祀、婚丧嫁娶等习俗的解释等等。这些古老的叙事都与"古渔雁"群体的捕捞生活紧密相连，有着鲜明的依存性和伴生性。第二，区域性与行业性。"渔雁"群体长年生活在渔船上，识字的人很少，几乎所有有关航海、渔捞、祭祀等渔俗知识和技艺都是依靠口头传递下来，传承内容与方式简单又原始。由于海上生产风浪大、船上空间有限，休息时间短，因而"古渔雁"故事在形式上大多篇幅短小，情节简单，语言活泼生动。第三，实用性与娱乐性。每逢打鱼人在海上作业，打橛网桩、下网、抬货、踩打桩板、渔船下水等劳作，都有短小、质朴的口头文学伴随其中，以激发人们的干劲和劳动乐趣。闲暇时，又为旧时单调、封闭的"古渔雁"群体的日常生活注入了色彩和生气。因此，"古渔雁"民间故事曾是该群体重要的精神食粮。

辽东湾内陆属中原农耕文明与关外草原文明的对冲之地，历史上政权更迭频繁。19世纪中期之前，渔雁群体在我国北方沿海地区处于被边缘化状态，加上渔民大多文化水平不高，他们的生产生活在历代社会鲜有文献记载。所以古渔雁这一群体的口头文学尤显珍贵。

二界沟的古渔雁民间文学蕴藏丰厚，传承人群广泛。作为渔雁的后代，刘则亭于2008年被文化部认定为国家级非遗代表性传承人。刘则亭，男，1944年8月出生，汉族，高中学历，十多岁从河北文安洼随父母迁居辽河口二界沟，从小就爱听故事、讲故事，从祖父刘英文、外祖父邵树本、父亲刘维珍、母亲邵汝兰及渔村老一代打鱼人那里听取整理了大量的有关古渔雁生产、生活的民间传说与故事。刘则亭记忆好、有口才、有文化，在故事讲述过程中声音洪亮、语言生动质朴。已收集采录有近千则古渔雁的神话、故事和传说，古稀之年还可以讲述500余则，是辽河口海域渔村有名的古渔雁故事家。2006年辽宁省文化厅授予"辽宁省民间艺术家（渔雁故事）"称号。他利用二界沟长发福网铺旧址，自费收集船锚、海碗瓷片、橛桩等渔雁实物数百件，设有专门的档案室和展示室，并常年免

古渔雁民间故事部分出版物　刘则亭　供图

费对外开放讲解古渔雁民间故事。《古渔雁民间故事精选》等专著先后面世。2018年，辽宁省文化遗产保护中心及专家团队通过一年多的努力，对国家级代表性传承人刘则亭进行抢救性记录，获评国家级非物质文化遗产代表性传承人拯救性记录首批优秀成果。

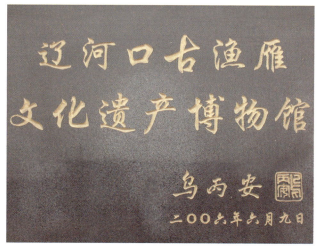

乌丙安题字　刘则亭　供图

民谣 / 盘锦民谣

忙年 节选于郝国平《记忆年味》

秧歌会 节选于郝国平《记忆年味》

民谣一词可拆开理解。民，以劳动群众为主体的社会基本成员；谣，大众编的反映生活的歌，古代指不用乐器伴奏的歌唱"我歌且谣"。民谣历史悠远，为人民大众创造，故其作者多不知具体姓名。民谣内容丰富、涉及题材广泛，记录一定区域内不同历史时期的民风与民俗，大多朗朗上口且易于传播，是区域内各历史时期民心民生的形象表达，也被称为"历史的容器"。

盘锦民谣最早可追溯到明代。在不同历史时期均留下了时代印记。盘锦民谣数量多、内容丰富多彩，具有鲜明的地域文化色彩。这些民谣以"谚语""号子""顺口溜""数来宝""童谣"等口头形式表现，涉及盘锦域内自然规律、历史事件、民俗民风等多个领域，

编筐 节选于《辽河口儿时记忆图画展》 刘汉武绘

捕鱼 节选于《辽河口儿时记忆图画展》 刘汉武绘

风格或庄重、或夸赞、或哀怨、或幽默、或讽刺，是当地原生态的口头文学。

农事谚语：最生动的地方性知识

二十四节气是我国农耕文明最重要的遗存，因为地理位置、气候等因素，不同地区节气特征会存在差异性。劳动人民对所在地区的节气特征进行生动的总结和记录，通过口头流传形成农业谚语。这些看似碎片化的民谣，蕴含着辽河口地区独有的地方性知识，今天来看，依然弥足珍贵。比如"夏至不拴网，立冬不走船"，形象地总结了当地夏至鱼虾资源丰富、立冬海河即将结冰两个自然规律，提醒人们在忙碌和歇冬之前，提前做好农事准备。"春分河开，清虾上来"，春分节气海冰已经开化，在潮汐的作用下河冰也会相继消融，标志着新一年的捕捞即将开始。"清明虾扬籽，小满鱼来全"，总结了两个节气辽东湾渔场的物产特征，同时也告诉世人捕捞鱼虾的最好时间；"七月里来天气热，漂来都是大海蜇"，这句民谣总结了海蜇的捕捞规律；"涝捕鱼虾旱晒盐，风调雨顺种庄田"，总结了农业生产的特点。

天气谚语：农业生产的"指导手册"

以农耕文明为主的社会环境，天气与农业的关系尤为重要，人类对自然充满未知，于是规律被总结传播开来。"泥鳅翻，要变天。泥鳅跳，风雨到"，河口地区泥鳅产量丰富，泥鳅的非常反应为人们判断风雨提供了参考。"开门风，关门雨"，开门风是渔民出海前判断天气的重要经验，一般情况风会越来越大。与之对应的是"开门潮"，特点是不知不觉就涨上来，而且潮头又快又大，大多出现在秋冬交替的季节。"大雾不过晌，过晌听雨响""早上地罩雾，尽量晒稻谷"，这两句民谣形象地总结了雾与雨水的相互规律。"辽河水清明涨一寸，汛期涨一尺"，提醒人们注意汛期的防涝防洪。

食俗民谣：水边人家的经验总结

"棒打野鸡瓢舀鱼，螃蟹爬到灶坑里。"盘锦地处辽河三角洲核心位置，渔业资源丰富。据《盘锦市市情概况（2019版）》记："盘锦市拥有15米等深线以内浅海水域约2000平方公里，鱼虾蟹贝资源蕴藏量约4万—5万吨。淡水水域1530平方公里。"丰盈的水文环境为人们提供各色食材，同时也造就此地独有的饮食习俗。"臭鱼烂虾，送命冤家"，警告食客一旦食材变质万万不能食用；"慢火肉，急火鱼"，点出两种食材的烹饪方式；"梭鱼头，鲅鱼尾，鲫鱼肚子，鲇鱼嘴"，是讲各种鱼类最好吃的部位；"生吃螃蟹活吃虾，虾爬子却要死着吃"，与其他地区生猛海鲜不同，这句民谣是特指当地一种海鲜加工方法——卤[①]。虾蟹要活着卤才能好吃，卤虾爬子则要选刚死没有变质，才是最佳；"七上八下"，是指盘锦国家地理标志产品河蟹的生活习性，"七"和"八"分指农历的月份，河蟹农历七月去淡水交配，八月则到海水河水相交之处繁殖；与之对应的是"九月圆脐十月尖"，因地产中华绒螯蟹母蟹为圆脐，公蟹为尖脐，民谣则交代出雌雄河蟹的最佳食用季节。

---

① 卤：也称"盐卤"，是指用盐水制作海鲜。

地理民谣：自然环境的高度概括

"辽东湾好地方，潮涨流儿北上，潮落流儿南方。早出乘流儿去，晚归必潮涨。"大多河流都是由西向东流淌入海，盘锦属退海之地，地势由南向北逐渐增高。大辽河由东北流向西南，才出现民谣中潮水的方向。在有发动机之前，渔船大多借助风力出海捕鱼，所以不管出海还是归航，借助涨潮落潮的力量，无疑是最方便省力的。"盘锦大地坑连坑，一年只刮两季风，一季六个月"，盘锦傍海而无山，一年四季刮风，后植树造林防风防沙，此状况已经大为改观。"九河下梢，十年九涝"，盘锦境内河流坑塘众多，境内共有大中小自然河流21条，加上平均海拔较低，辽河、大辽河、大凌河在此入海，历史上因缺乏治理，一直遭受水灾困扰。"犯劫沟，犯劫沟，台子倒了出码头"，民国四年《盘山县志略》将此民谣收录，并着力书写："查该台在大河南岸，系前明防海所筑。昔年台圮时露出一石刻，云：'犯劫沟，犯劫沟，台子倒了出码头。'后被水冲倒落河中，今四五十岁人，类能言之。以此推之，河道洞开，集为商埠，殆由前定，非人力所为而。"明代修筑关外边防长城，在现双台子区建了两座海防烽火台，附近有一潮沟①。因小村无名，过往的船工和行商坐贾听说过这里有过两座台子，便称此地为"双台子"。而这条潮沟，始称碱河，后称双台子河，现今则是辽河。

风俗民谣：人文社会的时代标识

"二界沟三件宝，蛤蜊皮子不扎脚，大姑娘丢了妈不找，小伙子跳墙狗不咬"，二界沟盛产有着"天下第一鲜"之称的文蛤，其贝壳厚实圆润，常被当地渔民用来铺路，称为一宝。后两宝，则是夸张地描绘出不受旧封建礼俗限制的民风。"铺着水，盖着天，脚踩三块板，脑袋别在裤腰间"，说出渔民出海的艰难和危险。"人进苇塘，驴进碾坊"，盘锦有着亚洲最大的芦苇荡，芦苇收割时间为冻冰之后春节之前，所以苇工的条件坚苦、劳动强度

---

① 潮沟是指沙泥质潮滩上由于潮流作用形成的冲沟。

大。"拉大锯,扯大锯,姥家门口唱大戏,接闺女,唤女婿,小外孙也要去。杀绵羊,宰母鸡,小外孙,哭啼啼,拉来马,套上车,送你快回去",这段童谣描绘了回娘家热闹的场面,旋律生动明快,一般是孩子们边做游戏边唱说,烘托喜庆热闹的场面。"小孩小孩你别哭,过了腊八就杀猪,小孩小孩你别馋,过了腊八就是年",生动再现了旧盘锦老百姓的过年习俗。"腊月二十三,灶王爷上了天;二十四写对子,二十五做豆腐,二十六割年肉,二十七宰年鸡,二十八贴窗花;腊月二十九,蒸黏豆包;三十晚上坐一宿,大年初一挨家走,拜个年,磕个头,祝爷爷、奶奶、姥爷、姥姥活到九十九"记录了春节习俗的老规矩。"嘎拉哈,哗啦啦,炕上一群俊丫头。钱码头,铜钱穿,稀里哗啦上下翻。你一把,我一把,炕头欻起嘎拉哈。嘎拉哈,真好玩,一玩玩到二月二。二月二,龙抬头,对着镜子梳梳头。梳梳头,穿旗袍,一群小子赶来瞧。"民谣说的"嘎拉哈",开始为锡伯族游戏。歇冬季节在盘锦西部一些村屯,锡伯族的孩子会找汉族孩子在一起玩。既开发了智力、锻炼了身体,更促进了民族团结。

盘锦民谣多为盘锦人民集体创作的结晶,具有广泛的群众性和民间传承性。小小民谣涵盖着盘锦几百年来的历史,因短小精悍、语言生动、通俗易懂,在本地区口耳相传,广为传唱。大家在劳动中传播,在生活中传播,形成多种版本。它是盘锦的历史容器,承载着盘锦的沧桑,其中蕴含着本地区历史变迁、物产资源、风土人情、自然规律等重要信息,这些民谣形成盘锦独有的地方性知识体系,通过民谣可以了解盘锦历史和风俗,也可教育后人,是宝贵的文化资源。2011年1月,盘锦市政府将盘锦民谣列入市级非物质文化遗产名录。市级代表性传承人佟伟针对民谣流传快、消亡快的特点,做了大量扎实系统的收集整理工作。经过20余年的努力,共整理出民谣500多则,是辈辈口耳相传、喜闻乐见的非物质文化遗产。

传统音乐

传统音乐中包含民歌、器乐、舞蹈音乐、戏曲音乐、曲艺音乐等多个类别，当地与之对应的有号子、鼓乐、秧歌后台、皮影音乐、评剧文武场等等，形式丰富，均是活着的历史资源。本章仅以民间鼓乐、渔家号子非遗项目为主，其他传统音乐不做单独表述，以保证项目的整体呈现。

器乐 / 盘锦鼓乐

　　盘锦民间鼓乐作为辽宁省鼓乐的一个分支，是以唢呐为主，加打击乐器组成的民间器乐合奏形式，大量用于民俗活动当中。关于盘锦鼓乐的定位，2007年9月，杨久盛先生为《盘锦民间鼓乐》作序，文中提及盘锦鼓乐："辽南鼓乐和辽西鼓乐是最具代表性的两个分支，辽南鼓乐以海城、辽阳、营口为中心；辽西鼓乐以绥中、锦州为中心。这两个流派不仅对全省，同时对吉林、黑龙江鼓乐都有一定影响。盘锦市原属于营口市管辖，1984年从营口市分离出来，成为一个省辖市，所辖盘山、大洼两县。从地理位置说，它东接海城、台安，南连营口县和营口市；从文化特点来看，盘锦市属于辽南文化区。但是盘锦市西部紧靠辽西走廊，与北宁市、凌海市接壤，所以，盘锦鼓乐又有某些辽西鼓乐特点。"受行政区划的制约，一个城市的民间文化很难做到标准化。涉及具体艺术门类，大都以地理区域来归纳，鼓乐就是最典型的事例。鼓乐手这一行业本身具有流动性，相关鼓吹乐艺术也必将相互渗透影响。依据有关史料书籍记载，结合项目传承脉络，可以推断盘锦鼓乐

盘锦鼓乐乐器　张明　摄

以辽河沿岸为主体，风格受海城、营口等地影响较多，抑或相互影响更加准确，具有鲜明的辽河流域民间器乐特征。

据《大洼县志》记载："鼓乐班子有田庄台的丁首才、张文才、魏万常三处；七家子张展武一处；桃园郝廷君一处，它处也有擅长此道者。大都从关内而来，家传数代。"这里提及了三个地方，田庄台镇为辽宁历史文化名镇，"七家子""桃园"现属大洼区①西安镇，三个地方均位于大辽河右岸，其中田庄台曾以河运商贸繁荣而盛名于大辽河两岸。《盘锦民间鼓乐》叙述："民间鼓乐艺人郝恒山（1905年生）家现存的家谱记载，郝家鼓乐坊从天津静海迁至盘锦已相承八代历史。"老艺人郝恒山系郝廷君的后人，由此可保守推断出盘锦鼓乐的发端。19世纪初期，这片土地上已有成型的鼓乐艺术存在。

盘锦当地对鼓乐艺人有多种称呼，"鼓乐（读：yào）""吹鼓手""喇叭匠""某某大喇叭""吹喇叭的"，行业内也称"耍喷的"。鼓乐手在各个历史时期社会地位都很低，属社会边缘群体，这碗"喷口饭"不至于大富大贵，却足以养家糊口。在社会夹缝之中，他们以顽强的生命力，书写了一部不断代的盘锦民间艺术传承史。《盘锦市文化志》这样记载民间器乐："民间器乐曲分鼓吹乐、秧歌音乐、寺庙音乐及古曲等。秧歌音乐主要是为秧歌、高跷、龙灯等民间舞蹈伴奏。从民国初期，境内的秧歌音乐逐步完善。鼓吹乐主要为婚丧、寿祭等民俗活动演奏。现流传下来有148首曲牌。"民间器乐不是一门孤立的艺术，它必须伴生于民俗、舞蹈、宗教等民事活动，随着社会环境变化而演变，人民大众对精神生活的需要是鼓乐延续发展的根本。

大辽河的繁荣为鼓乐提供了生长的土壤。1850年，营口与田庄台完成了一次历史传递，田庄台把河口码头之职交接出去，与盘锦境内沿大辽河分布的17个码头并称为顺河码头。大辽河沿岸商业交替繁荣，丰富和发展了当地的传统文化。鼓乐艺人为了增加收入，不仅参加当地的各种民俗活动，还纷纷走出家门，参加邻近地区的红白喜事。周边地区的鼓乐艺人也经常参加盘锦大商号和财主家的祭祀及迎神赛会活动，鼓乐相互交流和渗透，使得艺人的技艺得以补充和提高。鼓乐坊成为鼓吹艺人歇脚聚集、交流授徒的固定场

---

① 大洼区：2016年4月，盘锦市大洼县撤县改区。

盘锦鼓乐在省非物质文化遗产保护中心收录鼓乐曲牌　张明　摄

所，开鼓乐坊的大都是专职鼓乐艺人。鼓乐班子也称"轿口""轿坊""鼓乐棚子""喷行"。鼓乐班子是一个相对独立的社会群体，他们有自己的行规：手儿不行肯定没有活，人不行也没有活。可以说自成江湖。生活的现实锻造了他们独有的行业态度，有很多放在当下仍然适用。从清中期至中华人民共和国成立，鼓乐班子在今大洼区境内有22家，在今盘山县境内有17家。中华人民共和国成立后，鼓吹乐的精华部分纳入演奏曲目，已然成型定派。加之民俗活动与民间鼓乐密不可分，使其成为人民群众不可或缺的精神食粮。

　　如今盘锦鼓乐以盘山县古城子镇、沙岭镇为核心区域，具有独特的大辽河地域风格：演奏灵活多变，曲目广泛，民俗活动以"对棚"见长。曲调古朴悠长，又不失高亢、热闹；节奏复杂多变，且不失完整、规范。传统鼓乐班子有完整人员配备规矩，参加婚庆红事的鼓乐6—8人，其中，小唢呐二支，小堂鼓一个，小镲一个，单儿、戏乐各1个，演奏《抱龙台》《小开门》《玉芙蓉》《得胜令》《柳青娘》《洞房赞》《万年欢》《朝天子》《柳摇金》等曲目。丧葬白事出活儿以大唢呐为主，鼓乐悲怆、悠长，带动人群情绪，催人泪下。根据民俗环节和讲究不同，吹奏《水龙吟》《柳河吟》《工尺上》《放流》《黄河套》《龙尾》《小金对儿》《小开门》《苏武牧羊》《十步母重恩》

《红雁落沙滩》等。如果东家邀雇两伙鼓乐"对棚"打擂，为了热闹，曲目以《万年欢》《得胜令》为主，还有各种绝活和当下流行曲调；如果分不出胜负，就比吹奏传统大曲牌，鼓乐行里同样"服高人"，如今能完整吹出大曲牌的已然不多。

盘锦传统鼓乐艺人必备一种原始文字谱——工尺谱（上尺工凡六五一）。工尺谱是他们学艺的教科书、备忘录，鼓乐艺人必须皆通晓。熟读工尺谱才可以有丰富的变奏手法，在其基础上加花、填字、借字、转调，否则，就无法进行集体合奏。李润中就是现今盘锦为数不多能念唱工尺谱的鼓乐人，而且可以将工尺谱译成简谱。李润中，1955年出生于盘锦市盘山县古城子镇的鼓乐世家。1986年，负责《中国民族民间器乐曲集成·辽宁卷》盘锦市卷工作，其间被辽宁省器乐曲集成编辑部抽调完成曲谱校对工作。对于当时只有30岁的年轻人，属实难能可贵。这得益于他鼓乐世家的传承，其父亲李国安就是20世纪中叶盘锦较为出名的鼓乐手，与李国安同一时代较为出名的民间鼓乐艺人还有杨本义、安玉祥、郝恒山、郝云鹏、张名贵和寺庙乐师黄则恩等，他们不仅演艺高超，而且为乐曲的流传和发展做出了积极的贡献。

曲洪生、李东亮是该项目的市级代表性传承人。李东亮，辽宁省盘锦市盘山县古城子镇拉拉村人，汉族，生于1984年1月，艺名"李小孩儿"，受外公曲广丰熏染，喜爱唢呐。自幼聪明，对鼓乐悟性极高。小曲小调听几遍就会，加上勤奋好学，13岁就跟着"上活儿"吹奏。15岁师从大舅曲洪生（外公徒弟），开始学习最基础的下手活（打零杂），一年后学习大唢呐，吹了半年就能掌握大小曲牌四五个（哭皇天、八

市级代表性传承人李东亮在三汊河边练习　张明　摄

条龙、柳青娘、公尺上）。其间又拜师李润中专业学习小唢呐，不到3年就成为曲洪生鼓乐班的主吹手。因吹奏技艺高超，又因入行较早，得到"李小孩儿"的称号。2005年，既是大舅也是师傅的曲洪生退隐，他接过人员成了新班主，创立"李小孩儿鼓乐班"。在李东亮的带领下，他们可以吹奏大小曲牌35个。目前活跃于盘锦、海城、台安、辽阳等地，在周边鼓乐行小有名气。

民歌 / 二界沟渔家号子

二界沟的渔家号子是当地渔民在渔事活动酿造，伴随打鱼、船务等水上劳动过程而歌唱的民间歌曲。如《吕氏春秋》记载："此举重劝力之歌也。"因渔事活动大多劳动强度大，在机械欠缺的年代，但凡"举重"皆需"劝力"，方可提高效率，规避操作不当的风险。其形式是一人领、众人和。领唱者称为"号头"，和唱的叫"接号"，当地也称"喊号""打号子"。其作用是通过一唱一和、一领一接来统一众人意志，协调众人步调，达到同一时间共同发力的目的。从实用性上来讲，渔家号子是渔民对渔事活动的各项作业所必需的指挥与被指挥、命令与服从之关系的婉转表达与完美落实。众人合力之际，喊起号子不仅是为了协调动作、统一节奏、聚合力量，而且还可以调剂精神、解除疲劳、振奋精神、激发干劲。二界沟渔家号子最大特点是歌词毫无定式可言。歌词内容完全是随意发挥，看见啥就唱啥，只要节奏能与手里的活儿合拍就行。

二界沟曾有多个行政名称，明代为红草村，后称曾家村，清中期称渔镇，当代曾称辽盘渔庄，现为辽宁省盘锦市大洼区二界沟街道。不管它的名称怎么调整，人们还是习惯称它为二界沟。它东与田庄台古镇毗邻，南临渤海辽东湾，西傍辽河入海口，当地人形象地总结"三面水，一面天，一条土路朝东边"。因纬度较高，所属海域每年冬季都会结冰，形成壮美的连绵冰排，俗称"封海"。整整四个多月的自然封海，使得海产品得到充足的休养，二界沟坐拥海洋渔业的便利，亦有"中国最北渔村"之称。清乾隆年间，作为渔雁群体的主力军，河北沿海昌黎、滦县、乐亭一带渔民大量迁徙至二界沟，渔家号子也随渔雁而至。渔家号子既起源于渔事作业，也与渔事作业相伴成长，风里浪里地共同度过了漫长的岁月，一再被渔民反复传唱，并成为辽东湾海洋文明的经典乐章，至今已有200多年的历史。

区别于运输船拉纤和民建打夯，二界沟渔家号子韵律、形式更趋繁复。为了统一步调，就出现了领号人，他们游离于五行八作之外，本地也称"号头儿"。号头会根据不同的劳动场景，采取不同的演唱形式。以二界沟最典型的樯（当地读qiàng）张网为例，整个劳动过程包含多种渔家号子。搭樯是二界沟地区以"樯张网"捕鱼的必需渔事作业。樯张网是海上为数不多的"有腿网具"之一，将三丈有余的樯桩按一丈的间距插于浅海区，樯桩之间布置渔网，于潮涨潮落之间截获鱼虾。为了躲避冬季海冰撞击，每年10月份还要把樯桩拔出转移至陆地。来年的4月再插入，拴挂张网。布置樯张网的过程叫"搭樯"。以至于现在的老渔民仍固执地称这片海田为"樯地[1]"。二界沟于清道光十年（1830）将挡网生产改为樯网生产，属于"一次劳作，受益一年"的捕鱼方式，一直到20世纪90年代中期取消。因没有现代化机械辅助，搭樯皆系人力为之。樯桩长12米左右，渔民把樯桩拉到码头装船，运至樯地。利用渔船桅杆上的滑轮，把30厘米粗榆木樯桩直立吊起，再栽入海底。然后在樯桩上绑一横杠（也称樯杠），樯杠上搭跳板，渔民分别站在樯杠和跳板上。如此一来，以竖起来的樯桩为中心，三面踏板按比例站一定的人数，众人用脚力将竖起来的樯桩夯入海底。这一过程务必要稳、准、快，否则湍急的海流会使樯桩错位，甚至造成人员伤亡。这项作业通常需要20个渔民才能完成，为了让大家步调一致、减少失误，搭樯时要请号头喊号。大伙以号为令，通力合作。

把樯桩装船就需要拉樯号子，号子要舒缓成段，拉开劳动发力的时间，一段一和，号头大多采取高亢悠扬的形式，避免过度劳累。节奏为"啊—啊—嘿—嘿呦呦，呦—呦—呀嘿嘿"等，因为有充足的时间让号头准备，具体唱词会看什么唱什么，现场临时发挥。此类号子还用于拉船、拉网等繁重劳动，拉船也指把船从船坞拉下海，而搭樯号子，必须节奏清晰急促，力求一气呵成。用"一句一和"的韵律调动大家。长期操此劳动的渔民也墨守一个规矩，简称"一号两脚"。这时候就需要渔家号子的严明指导与协调，而且号子的曲调必须急促强烈，坚定有力。号头的唱词因此都精而

---

[1] 二界沟樯地：今盘锦港西南方向海域。

短。比如：

> 准备好吧！
> ——嗨！嗨！
> 准备上墙杠吧！
> ——嗨！嗨！
> 脚并着脚吧！
> ——嗨！嗨！
> 二界沟啊有三宝
> ——嗨！嗨！
> 蛤蜊皮子不扎脚，
> ——嗨！嗨！
> 大姑娘丢了妈不找
> ——嗨！嗨！
> 小伙子跳墙狗不咬
> ——哈！哈！

整个过程号头要把握劳动节奏，行到关键处，号头会仅以一个叹词来领号，最大限度调动大家的力量，集体发力。

> 号头：嘿！
> 跳樯：哈！哈！
> 号头：嘿！
> 跳樯：哈！哈！

每一个"哈"字脱口，众人都会在跳板上猛踏一脚，墙杠上的渔民也随着协同动作，从而让墙桩向海底更深一些。两个"哈"字，即所谓"一号两脚"。喊号子相当耗体力，搭樯喊号子至少要有两个号头轮流领号，才能保证成功完成。

二界沟渔家号子不是简单的"一二三，嘿"，而是有唱腔和唱词的号子。

这对号头的要求极高，并非人人都能胜任，号子什么时间喊、怎么喊都有技巧。这跟年龄、资历没有关系，关键看效果。当地的号头不参与劳动，专职领号，一个好的号头能起到事半功倍的效果。首先必须是干活的出身，知道哪块儿发力，在哪蓄力；其次韵律感要强，收放自如，不能一个劲儿喊，否则造成疲劳不说，更容易出现事故。再有，就是调动大家情绪，要有新鲜感，不能一套词反复用。干过重体力活的人都知道，心情愉悦干活不累。如何让全是男人的团队干活愉悦，方法很多，吉利话儿、带颜色的、调侃的等等，当然号头也要看现场有没有儿童和女人。每当"推船、打橹"等重大事项之时，东家会亲自去请号头，可见其地位之显赫。民国期间，二界沟比较有影响的号头有王凤春、李友林、陈大水、周士桐等人，中华人民共和国成立之后，随着互助合作化的进展，渔业生产群体被整合，每个生产队都有3—5个号头，比较有影响的号头有桑宝花、李尚珍、李春生、吴景春、吴景生、王信顺、曹英会等人。现今大家公认的号头有李子元、杨绪光，可以完整唱出"拉网号、推船号、搭篷号、搭橹号、拔橹号、摇橹号、编舵号"等。

李子元是"标本式的渔民"。祖上从山东搬到二界沟，世代以打鱼为生。父亲李喜君曾是当地有名的把头①，他本人也是下海打鱼的好把式，早就唱惯、听惯渔家号子。李子元12岁就外出乞讨，他要饭跟一般人不一样，通常是守在网铺的网房子给人喊号子。外海捕捞风浪大、渔获量也大，渔网很容易坏掉，渔民每次捕捞回来后，都要将渔网拿到网房子修补。而渔网在修补之前，需要搭到网架子上晾晒。因为渔网有水比较重，补网的人基本都不会喊号子，他就主动帮他们喊。渔网中的小鱼小虾就成了他的酬劳。成年后，李子元开始到渔船上工作，每逢干活需要喊号子，大家都一致推选他当领号人。

现今二界沟渔业生产大多为机械化作业，繁重的渔事活动不再劳烦号头。当渔家号子再度念唱之时，依然能激起我们内心的共鸣，磅礴之力一如往昔。鉴于其濒危性、独特性，2016年二界沟渔家号子被盘锦市政府列入市级非物质文化遗产代表性项目名录。因为现实生活中失去了生存的土壤，原

---

① 把头，现为船长。

抢救性记录二界沟渔家号子（搭橹号子）现场　张明　摄

抢救性记录二界沟渔家号子（拉橹号子）现场

张明　摄

汁原味的渔家号子没有了用武之地，相关传承和保护工作难度加大。目前，市、区、街道文化部门尽可能地抢救性录制渔家号子，制作成音视频留档保存。培养下一代号头，组织渔民恢复性排练传统渔家号子。参加历届中国·盘锦二界沟开海节、2016年中国盘锦插秧节、2018年第一届中国农民丰收节等活动，宣传推广渔歌文化。2018年代表辽宁省参加第十一届中国民间艺术节暨第十四届中国民间文艺山花奖·优秀民间艺术表演（民歌）初评活动。采取多种形式，以期获得新生。

传统舞蹈

清中期开始，作为节庆时群众娱乐活动的民间舞蹈，在辽河下游呈现繁荣局面，表演群体或渔民、或农民、或手工业者，鲜有职业演员。这与本地以平民文化为主体的社会环境有直接关系，与曾经繁盛的商业氛围亦有必然关联。依靠模仿、记忆，口传身授地一代一代传下去，承载着人们对自然的态度和对生活的审美，并潜移默化地植入民众的基因，影响着一代又一代民众。

岁时节令习俗舞蹈 / 高跷（上口子高跷）

　　高跷，也称高脚，盘锦市多部志书均有记载。《盘锦市志》载："本境的高跷由海城、营口传入，称辽南高跷。约在清咸丰年间，今东风乡、田庄台镇一带寺庙香火鼎盛，祭祀频繁。每逢春节或庙会，都有民间自娱和祭祀活动，踩高跷便是这些活动的表演形式之一。"由此可见，1850年高跷在大辽河沿岸已经兴盛起来，并且广泛参加各类民俗活动，深受百姓认可。高跷在盘锦市可分辽南、辽西两种流派，其中以沙岭、古城子、西安、田庄台沿大辽河一带辽南高跷最负盛名，影响深远且完整传承至今的当属上口子高跷。

　　上口子村是大辽河河西的一个小村庄，位于辽宁省盘锦市大洼区西安镇东南。村落呈俯龟状，南北5条路并行、东西4道交错。当地有"东靠辽河背胡塘，草舍泥街二里长"一说。东傍辽河与海城县西四镇隔河相望，向南与西安镇高坎湾、小亮沟村顺河排列。当地以渔猎和农耕为主要生产方式。虽说上口子只是个小村庄，但这里的高跷秧歌却是历史悠久、远近闻名，它是一种群众喜闻乐见、具有浓厚地方特色的民间艺术，素有"辽南一枝花"之称。

　　据上口子著名秧歌艺人齐守忠（1927年生）回忆，他听老辈人讲，清朝中期上口子没有扭秧歌和踩高跷，只有唱秧歌的。唱的内容多为小曲、小调、大鼓皮子、秧歌柳子、秧歌帽儿。初为双足落地，也称地秧歌。后来足蹬木脚，如接长腿，有移动舞台的功效，也称高脚。秧歌发展离不开"时间、人、场地"三要素，时间单指空闲时间，人是指观众和演员，场地指能舞蹈的地方，而且缺一不可。盘锦市四季分明，农作物单季生长。粮食入仓、挂锄收镰之后，就开始了长达5个月的猫冬期。漫长而单调的冬闲，给

高跷（上口子高跷）表演大飞人　夏建国　供图

高跷秧歌提供了充足的时间保障。农活一脱手，办秧歌人便"撺掇"①老秧歌手，挑选、辅导新秧歌手，在家中开始修高跷、习舞艺、备头面、做道具。民谣"打正月，闹二月，哩哩啦啦到三月"，便道出秧歌展艺时间的充足，到了正月便开始展艺活动，本地也有"没有秧歌就不叫年"之说，庙会、灯会等也是秧歌艺术的不定期舞台。据统计，清朝中期在盘锦地区有名的寺院、道观就有29处，每隔10天左右就逢庙会一次，赶庙会是当时民众最大的文化休闲方式。扭秧歌也是逢会必到，参与庙会表演的秧歌队少则一队，多则几伙。庙会的频繁举办，为高跷的演变提供了丰厚的土壤。值得一提的是，庙会的举办让各队伍始终保持竞争局面，在竞争中求发展、求进

---

① 撺掇：同组织。

步，使得大辽河地区的高跷秧歌进入了快速发展期。这一时期，高跷队有了会首这一职位，承担"组织队员、联络灯官①、协调报酬"等一应事务，并一直延续至今。

发展到19世纪末，上口子高跷已经形成以扭见长的表演风格，由四平八稳的小戏表演向火爆热烈转型，蜚声辽河两岸。据伪康德元年《盘山县志·人事·礼俗篇》记载："十五日为上元节，今改春节，俗呼灯节，由十四至十六三夜。城镇商家大张灯火，夜明如画，市间办演杂剧，龙灯高脚各行于前，锣鼓管弦继奏于后，他如竹马旱船狮子之类亦皆沿街蹈舞。"从这段记载看，排序具有很强的象征意味，龙是本地重要的图腾崇拜，能够与龙灯并行，可见群众对高跷的认可程度。长期以来，大辽河沿岸的古镇田庄台和海城，每逢两节都是张灯结彩鼓乐喧天。每年初一刚过，上口子高跷队便走上街头逐户逐屯拜年表演，每到一处人山人海热闹非凡。有的年轻人会追着高跷队看表演，一直到天黑。

上口子高跷逐渐兴旺并走向成熟、趋于完善。唱秧歌因为"形式陈旧、节奏缓慢"开始退化，渐渐退出演出形式。高跷"扭、浪、逗、相"有机结合，同时加入耍孩儿，戈戈腔，并融入东北喇叭戏、二人转等民间艺术形式。热烈火爆、对比强烈、干净利落的"辽南风格"被固化下来。音乐伴奏由多用曲牌发展为专用曲牌，曲牌连接有章有法；舞蹈姿态动中有静，稳中有浪，快而不乱，慢而不散。高潮起起伏伏，节奏明朗欢快，充分体现当地豪爽粗犷的性格。舞蹈形式也由即兴表演变成完整程式，表演过程也按照"街浪——前大场——清场②——小场——后大场"的步骤进行。这一时期，角色设置博采众长，戏曲中的人物、服饰和动作，一招一式也都出现于高跷之上，皆是人们喜闻乐见的人物原型。大体分为"头跷、二跷、上装、下装、老生和老㧟"等角色，表演时第一位出场的为头跷，取材于小戏《张三赶会》的张三，是一个武丑的形象。头跷要鼓，也是场上的指挥者；上装为旦角，女性形象；下装为小生，扮相俊俏；老生取材于《打渔杀家》中的萧恩，与戏曲相似，在高跷上表演别具韵味；老㧟是东北特色，扮相来源很

---

① 灯官：组织正月十五灯会的负责人。
② 清场：一名或两名队员轮流表演。

多，既有戏曲也有生活。另外，会根据表演需要，配备傻柱子、丑角等人物。

中华人民共和国成立之后，上口子高跷秧歌队还对高跷进行了改造加工，借鉴了不少陕北秧歌特点，为使人物扮相反映时代风貌，高跷中还出现了工农兵形象，音乐中也出现了《解放区的天》《东北解放歌》《绣金匾》《庆丰年》《夸北京》等时新曲调。这一时期是盘锦高跷秧歌发展的完善阶段。20世纪90年代曾一度濒危，面临消失的困境。随着各级政府和社会各界对高跷的保护和支持，上口子高跷迎来又一个发展高峰。在继承传统的基础之上，形成了"扭、浪、逗、绝"的自有风格。扭和浪，跷腿增高到一米，高跷表演幅度大，结合肢体和面部语言，将本地区豪放泼辣的人物形象展现无遗；逗，通过情节设计突出清场的戏剧性，令人捧腹；绝，表演与杂技结合，增加了"架相""三节楼""三环套月""蝎子爬城""大飞人""小飞人"、鲤鱼打挺等动作，让人耳目一新，为之一震！

上口子高跷之所以不断代传承至今，离不开队伍里的一个角色——会首。作为一个群体项目，一支完整的高跷演出队伍需要30人左右，这就需要一个好的领头人，负责组织协调、培养带动这支队伍。当队员都是农民的时候，会首工作的难度更是成倍增加，这跟技艺、能力、威望等皆有关系，但起到决定作用的还是情怀。张中贤，男，1955年5月生人，辽宁省盘锦市大洼区西安镇上口子村人，16岁师从于本村高跷名角杜显文，后跟随肖红勋、齐守忠等老艺人学习高跷艺术，专攻"下装"。他表演风格俊美喜庆、现场把控能力强，善于用肢体语言表现东北汉子的热烈奔放。1985年后台打鼓，担任高跷队队长。1992年被推选为上口子高跷会首至今。多年来，他积极开展传承活动，培养出一大批骨干队员，完成队伍的梯队建设。他把自家的稻子贱卖后用以支付队员的工资，个人投资维修高跷传习所房屋，奔走呼吁重视保护高跷表演艺术。也正因为他的无私付出，把这支农民演员组成的高跷队保留下来，并取得了一系列的骄人成绩。2008年，张中贤被认定为辽宁省级非物质文化遗产代表性传承人。2011年，盘锦上口子忠贤文化艺术团成立，成为当时盘锦市唯一获文化部批准的专业民间艺术团。2012年，带领团队参加第十一届中国民间艺术节并荣获"山花奖"，同年获评省级民间艺术家。2013年，带队参加了第十二届全运会开幕式暖场表演，同年参加了央视农民春晚节目录制。他勇于开拓国内演出市场，把高跷艺术真正带上国家平台。先后到北京"欢乐谷"、山西太原、广东、四川、内蒙古、河北、山东等地进行表演。仅2017年在国内演出200余场。2018年，被文化和旅游部认定为第五批国家级非物质文化遗产代表性项目代表性传承人。

生产习俗舞蹈 / 荣兴朝鲜族乡 "农乐舞"

　　"农乐舞"俗称"农乐"，是典型的农事生产习俗舞蹈，源于春播秋收祭天仪式中的"踩地神"。朝鲜族聚居的地方就有自己的"农乐舞"表演者。农乐舞是朝鲜族富有民族特色和生活气息的舞蹈艺术之一，是保存较为完整的祈福禳灾类民族民间舞蹈。其中，荣兴朝鲜族"农乐舞"以其历史悠久、鲜明的特色和独特的表演风格远近闻名，2008年4月，被盘锦市政府列入首批市级非物质文化遗产代表性项目名录。

　　辽宁省盘锦市大洼区二界沟街道荣兴社区位于大洼区最南端，东临大辽河，西傍渤海，北与古镇田庄台相连，南接辽东湾新区。荣兴中央屯村是朝

荣兴朝鲜族农乐舞表演《庆丰收·傩面舞》　郭振杰　供图

鲜族屯，当地的朝鲜民族能歌善舞，对于他们而言，舞蹈是融在血脉之中的基因。无论重大节日，还是家庭聚会，男女老幼伴随着鼓点翩跹起舞，已是习以为常。居住在辽宁省盘锦市的朝鲜族，大多长期从事水稻生产，为了便于大面积的水稻种植和管理，他们多采取集体劳动、相互协作的劳动形式。每逢下地务农，都将"扁鼓"与农具一起带到田间地头。劳动间歇，人们会在明快的鼓乐声中即兴起舞，以欢乐的歌舞荡涤疲劳。这些即兴歌舞便逐渐形成了游乐性的朝鲜族民间舞蹈，贯穿于多种传统民俗活动之中。

在农乐舞的乐器编组中，一般分为大编组、中编组、小编组等。大编组包括铜锣、铮、大鼓、小鼓、洁鼓、长鼓、大平箫、唢呐、螺角等乐器的演奏者53人，另外还有令旗、杂色等。农乐舞的音乐具有独特的多样旋律，称作"十二拍"。在科学不发达的时代，人们征服自然的能力较差，便形成了人们对自然万物的崇拜。每年农历年初，会组织农乐舞队到邻村巡回演出。有祈天保丰收的"场院巫"舞，有驱逐鬼魔的"灶炕巫"舞，经过水井旁时表演"井巫"舞，逢河过桥时表演"桥巫"舞等等。20世纪90年代，中央屯朝鲜族农民每当水稻插秧或收割结束后，为了祈福和庆贺丰收，全村男女老少都要欢聚一起，杀狗宰牛，载歌载舞，如年似节的集体舞蹈。农乐舞人数不限，形式灵活，内容以表现稼穑之乐为主，并在乐曲、服饰、表演技巧上随时代变化而创新。

农乐舞的表演以打击乐器锣鼓为先导，领衔者为一打铜锣者，舞蹈的开始、中间的变换及结尾，均由打锣者指挥。表演农乐舞时，必须有一位打旗的人，旗上要写上"农者天下之大本也"八个大字，站在打锣者之前，尽情舞动，满怀豪情。在农乐舞的表演中，没有演员和演奏者之分，一般都是演员一边演奏一边舞蹈。"农乐舞"的表演共包括十二部分：有青年男子表演的"小鼓舞"，舞童表演的"叠罗汉"，多人表演的传统"扁鼓舞"，男女都可表演的"长鼓舞"，多人持大型花扇表演的源于古代巫舞的"扇舞"，假形舞蹈"鹤舞"以及最后压阵的男子"象帽舞"。

首先在"小锣"不同节奏的敲击下，由青年男子表演的"小鼓舞"，作为"农乐舞"程式化的开场节目首先登场，紧随其后的是，一群舞童在《燕风台》乐曲伴奏下，以快速旋转动作进行各种队形、队列的变换，进行"叠罗汉"表演。随着节目的进行，舞蹈表演的艺术性也越发浓郁起来。

荣兴朝鲜族农乐舞表演《庆丰收·巡游》 郭振杰 供图

　　多人表演的传统"扁鼓舞"是男女都可参加的一种鼓舞。每人所用扁鼓的大小，因性别不同而有区分。男子表演以群舞为主，舞者在激烈而欢腾的鼓声中奔跑、跳跃，充分显示着男子的阳刚之气。而身挎扁鼓的女子独舞，不但要表现多样而娴熟的击鼓技巧，还要在顿挫有节、急缓交错鸣响下，舞出朝鲜女性刚柔并济、潇洒遒劲的舞姿。现在虽然朝鲜族"长鼓舞"已被众人所熟悉，但不少人却误认为这个舞蹈只是朝鲜族的女子舞蹈。其实，民间中的"长鼓舞"是男女都可表演的舞蹈。在悠扬的伽倻琴伴奏下，她们右手持长约30厘米的细竹"鼓鞭"，在左手指掌的配合下，从左右鼓面敲击出清脆、和谐而又不同鸣响的鼓声。乐曲声中，一队身穿白色短衣淡红色曳地长裙，胸前系着"长鼓"的舞者，舞步如淙淙泉水般轻柔流转。一段慢板之后，舞者抽出另一只木质鼓槌，敲打出强烈而快速的节奏，舞蹈随鼓乐进入狂放的急旋，矫健而奔放。每逢此时，沉醉于高潮中的表演者，便开始纷纷亮出显示个人"鼓舞"技巧的"绝活",把表演气氛推向最高潮。

"长鼓舞"后,接着的便是由多人持大型花扇,开始表演源于古代巫舞的"扇舞"。舞蹈者以单扇或双扇进行摆置图案和造型表演。接下来是假形类的舞蹈。装扮成具有美丽的长颈鹤头和两只黑色双翅的一群丹顶鹤,迈着轻盈而飘逸的大步,跳起了展翅欲飞的"鹤舞",为人们祈求着未来的吉祥与安宁。

最后压阵的男子"象帽舞",它把音乐、舞蹈、演唱融为一体,具有相当的技巧和丰富的内涵。象帽舞是农乐舞当中的最高技巧和最高兴奋点。一个个身着节日彩服、头戴盘有彩带圆帽的男青年,先后处于站立、行走和转于地面姿态下,用头部将彩带甩出水平、垂直、倾斜方位的圆弧。更有技艺高超者置身场地中央,表演着甩动长达20米彩带的高难技巧。

高潮之中,手持"小鼓"、身挂"扁鼓"和"长鼓"的舞者再度登场,在彩带的纷飞中再度起舞,作为"农乐舞"的终结。丰富而热烈的"农乐舞"之后,人们将转入自娱性的集体自娱舞蹈作为欢度节日的继续。表演者可以根据现场情绪起舞,整个舞蹈具有很强的即兴性。每逢佳节喜庆之时,参加表演的人数众多,场面宏大,这就需要有人出来主持、引导舞队进入表演场地。从舞队入场至走出各种队形变化,直到舞之尽兴,表演程式相对稳定。在"做周""回甲节""回婚节"等朝鲜族活动时,因受表演场所及参加人员的局限,就简化入场、走队形等大场面,表演程式因地制宜,因情而变。

荣兴朝鲜族乡"农乐舞"历经崔石顺、宋太英、张明岩、李永浩、吴松子数代传承至今。吴松子,女,朝鲜族,1944年生人,曾获全国"三八"红旗手称号,市级非物质文化遗产代表性传承人。负责组织队伍排练演出,是著名的农乐舞艺人,在农乐舞方面有很深的造诣,经过她的不断改善,使农乐舞蹈形成有荣兴朝鲜族特色的庆丰收舞蹈。多年来,她多次参加盘锦市、大洼县举办的舞蹈比赛,获得各种奖项。

岁时节令习俗舞蹈 / 田庄台镇龙舞

　　辽宁省历史文化名镇田庄台镇，历史悠久，文化底蕴厚重，有着丰富多彩的非物质文化遗产资源。田庄台舞龙以其火爆热烈的表演风格、铿锵淳厚的龙舞曲调，在众多非遗资源中极具代表性。

　　龙舞在田庄台有多种称呼："耍龙灯""耍大龙""舞龙""白家龙舞"。龙舞活动在辽河下游田庄台一带持续盛行，广泛参与春节、元宵灯会、庙会等民俗活动。《大洼县志》载："境内舞蹈以传统秧歌、高跷、龙灯为主""田庄台镇龙灯驰名境内，颇享盛誉"。相关描述虽不详尽，但褒奖和肯定之意已然尽显。20世纪80年代初，盘锦市群众艺术馆开展了系统的民间舞蹈调研，十余年后《辽宁民间舞蹈集成·盘锦卷》出版。该书根据田庄台老画匠齐明山（1899年生人）回忆，扎龙与彩绘传承已过三代，可保守推断至清咸丰年间。想来龙舞活动在此之前已然兴起。清咸丰元年（1851）是田庄台的一个历史拐点，因辽河河道淤积，田庄台由河口码头退居顺河码头。田庄台河运繁盛带来经济文化的迅速兴盛，龙舞活动由外地船主兴起，应早于清咸丰年间。至于当时龙舞的道具是否地产，却不得而知。田庄台龙舞活动的兴起，源于船主和船工对龙图腾的崇拜，后逐渐与求雨、庙会、节日祈福等民俗活动结合在一起，并成为活动中不可或缺的文化符号，在当地人们的心中已然根深蒂固。

　　龙舞由船主引入，而其承载者却是平民百姓。田庄台龙舞的主体是外地货船的"脚行"（装船工）。据《盘锦市文史资料》记载："旧时，南起保灵宫北到牧场码头，有'船房子'（码头）十五处，北方寒冬一至，辽河结冰，船上岸，脚行们无事可做，每每年节都会以舞龙庆祝祈福。"这里的庆祝与祈福道出了龙舞的双重民俗功能。沿着历史的脚步探寻，19世纪末期田庄台已经形成"三节三会"的民俗活动格局。"三节"为春节、元宵节、中秋节，"三会"为四月十八娘娘庙会、四月二十八药王庙会、五月十三关帝庙会，都有大型的民间活动开展。一般由商会出面组织，进行摊派，活动期间各支队伍以给商家慰问的形式进行表演，吸引百姓聚集，当地也称"赶会"。现在看来，这是较早的商业促销模式。此时的龙舞为队首，地秧歌、高跷、狮舞和台子戏等在后，形成队伍，沿街巡游表演。"龙"从门前过，居民、商户、单位用鞭炮迎送……这一功能可理解为"祝福"；盘锦属九河下梢之地，有十年九涝之称。田庄台因水而兴，每逢大的旱涝灾害，龙舞"发挥"祈福的作用。丰年祈求风调雨顺、人寿年丰，天旱则盼降甘露以求丰收。舞龙目的就是祈求水龙王保佑河运平安、五谷丰登。这一活动于20世纪中叶曾一度停止，只停留在老一辈的回忆中。近年来，随着当地文化旅游的深度融合，龙舞又现身关帝庙会。据称当地百姓层层围观，拍手叫好。

田庄台龙舞表演　行志红　摄

二界沟开海节田庄台龙舞表演　张良军　摄

　　除却民俗功能，龙舞具有极强的自娱性和群众性，地域文化价值突出。在近两个世纪的传承发展中，形成自有而独特的水文化特征。田庄台龙舞深受当地码头环境、生活习俗影响，动作形式丰富，强调队员体力，用跑动和穿插来体现龙在水中的形态，极具地方特色。主要有"卧龙""跺龙""钻龙门""盘龙""舞夜龙"等。卧龙就是舞者要蹲着耍，要求"舞得圆、行得稳"，与船工的劳动习惯关系密切；"跺龙"，就是把龙盘起来，要求首尾颤动、活灵活现。"钻龙门"就是"举得高、跑得快"，与卧龙相互对应配合；舞夜龙主要是强调扎制工艺，扎制时头部及龙身装有灯笼。舞龙以队形变化为主，要求"只见龙腾，不见人舞"。远远望去，盘旋逶迤如同一条火龙。龙舞动作既有滚、盘、腾、游、窜等基本舞法，也有卧、交、绞、旋等难度动作。静如处子，动如脱兔，以展示龙的神态风韵为主要特点。

　　龙的扎制和彩绘历史悠久，北方风格浓郁。齐明山的父亲齐继顺（1870—1940），河北景县人，主要以从事纸活、手工艺维持生活，专门为当地的庙会、富贵人家制作手工艺纸灯和糊纸活。舞龙的扎制原料由木质十字架、高粱秸、竹片、纸片、布匹、颜料等构成。从龙头到龙尾共九节，也可为七节。大体分三步：做骨架、披龙衣、上色。首先是制作骨架，龙头的用料，木条搭架子，竹篾造型。随后制作龙身，龙身各节用竹篾扎成圆筒形，龙尾制成鱼尾形。扎好龙体后，便开始糊龙头，之后披龙衣，加以彩画。以红、绿、蓝为主色，尤其强化蓝色。造型突出龙的眉毛，双眉突起，眼睛深沉明亮，大有横眉冷对之势，颇具杀气。龙身流畅，龙鳞采用三蓝技法强调层次，使之生动形象。

龙舞乐队有唢呐、大鼓、铙钹、大钹、小钹等乐器。所用曲子有器乐曲牌《柳青娘》《抱龙台》《龙尾》，还有《捡棉花》《寡妇难》等民间小调，曲子之间用鼓套连接。

岁时节令习俗舞蹈 / 新开舞狮

新开舞狮主要活跃在盘锦市大洼区新开镇于楼村。民国十三年（1924），辽河河道淤塞严重，营口辽河工程局在外辽河下游二道桥子和夹信子之间挖了一条人工运河，依靠它联通双台子河与大辽河，以期重振辽河航运，名为新开河。于楼村就坐落于新开河的右岸，以河为界，东与古城子相望，南邻东风镇驾掌寺。历史上于楼渡口亦是盘山县到海城县的水路码头，可称为水路交通要塞。新开舞狮有着独特的辽河流域特色，是地道的乡村本色表演。具有北狮形象逼真、动作高难的特点。在鼓套上别具一格，自由奔放，显现出东北地区豪放自由、火爆热烈的艺术魅力。依靠口传身授，新开舞狮在新开河畔世代传承，已有一个多世纪的历史。

新开舞狮起源于19世纪后期，一位河北沧州的小伙号称于包了（文武全能之义），他带来了舞狮技艺，拉起了舞狮班。于包了任班头，制作狮头、狮身、狮鞋、狮鼓。据传承人霍延东口述："最开始的舞狮相对简单，有狮子道具，再拉几个人就组成队伍了。狮头用黄泥抓成模型，用谷草捣碎加鳔（一种胶）与窗户纸分层次上糊五层，成型风干后，去掉黄泥模具再涂颜料；狮身用黄色家织布缝成，脊背用布筒装谷糠撑起扎结，后加狮尾，狮腿用浅黄毛缝制。毛的制作用当地产的线麻，剪成一尺二寸长，用颜料染制而成。"下辽河地区民间演绎活动多与鼓乐班子联系，鼓乐班子要根据东家的需求组建演出班子。于包了的舞狮班因为填补了业内空白，很快就在当地小有名气。演出时多以象形为主，一会儿抬爪搔痒，一会儿起、卧、走、跳，翩翩起舞，形式相对单一。民国初年，于德武成为会首。于德武继承了自家的鼓乐坊，鼓乐演奏曲目日渐成熟，演出机会随之增多。演出时以雄雌成对出现，定下了"红官绿娘"的规矩。狮头上有红绸结为雄狮，扎绿绸结为雌

引狮郎霍光启在自家院子排练　张明　摄

狮，一对大狮子会配一对小狮子。狮舞主要在农历春节、民俗节日等时间演出，动作以给观众敬礼、拜年、祝贺为主。至民国后期，经过发展创新，由两对狮子发展到多对，动作难度加大。频繁出现在各庙会活动中，还为大户人家、商号表演。20世纪80年代，于树文接手舞狮班，办起了以高跷为主、舞狮为辅、抬花轿增收的一支民间文艺团体，常年开展活动。90年代初，于树文将新开舞狮传给霍延东，狮舞在各类庆典、大型活动中频频出现，在继承传统的基础上，加入杂技表演以适应不同场合需求，出现了《狮楼》《狮山》《狮子吐字》《狮吐对联》《狮波浪》等优秀节目，喜庆热烈，深受人民喜爱。

新开舞狮具有我国北狮的基本特征，狮子外形威武，神态多变，形象逼真。当地人相信狮子是祥瑞之兽，舞狮能够驱除晦气、带来好运，每逢年节或集会庆典，都会请舞狮前来助兴。新开舞狮表演时小狮由一人舞，大狮由双人舞，一人站立舞狮头，一人弯腰舞狮身和狮尾。舞狮人全身披包狮被，下穿相同毛色的狮裤和金爪蹄靴，它的外形和真狮极为相似。引狮郎着武生装扮，手持五色彩球，通过前空翻、倒爬、拉云手亮相等动作，配以鼓、锣、钹，逗引瑞狮。狮子在引狮郎的引导下，表演腾翻、扑跌、跳跃、登高、朝拜等动作，并有走梅花桩、窜桌子、踩滚球等高难度动作。表演时讲究肢体形象，辅以搔痒、舔毛等动作，惟妙惟肖，逗人喜爱。拿狮头的演员要身体轻便灵活，便于起跳，表现狮子的各类形态；后面的舞狮人要选粗壮有力、下盘扎实的人来舞，便于辅助跳跃。舞狮行走时，狮头出左腿，狮尾出右腿，动作和谐形象。

新开舞狮以雄雌成对出现，有时一对大狮会配一对小狮，大狮戏弄小狮尽显天伦之乐。舞狮时狮子有"看、站、走、跑、跳、睡、滚、抖毛"等动作，主要靠队形变换及引狮郎的良好武功来渲染气氛。看，就是狮子的双眼能上下左右90度，表现狮子观察周围，以静态为主；跑，前后两名演员四腿前后配合默契，摇头摆尾，形象生动；睡，狮子双眼紧闭平卧，四腿略拉动，配合有度；抖毛，前面演员双臂左右晃动，从头向后晃动，形象如抖毛，形态逼真；另外还有翻山越涧，登山直立，跳、转、腾、扑等动作。群狮表演时，摆出狮楼、狮山、狮子吐字、狮吐对联、狮波浪等优势造型。醉狮，尤为突出，是新开舞狮已濒临失传的动作，鼓套以拖音为主，引狮郎和狮子皆碎步或闪步，趣味横生。

市级代表性传承人霍延东整理狮头　张明　摄

新开舞狮的前台舞狮演员与后台可以互换，这是它的一个显著特点，为了节省人员开支，加上演出强度大，这就要求演员与后台必须能够互换。舞狮累了，下来可以敲打乐器，后台就得上场舞狮。这也造就了新开舞狮技艺节奏感强、配合默契的特点，同时，也可以长时间演出。

舞狮对鼓的要求特殊。尤其是演大场时，后台声音的穿透力、辨识度尤为重要。对于新买的鼓，他们会将一面鼓皮中间开孔一尺五寸再进行敲击，声音从鼓腔圆孔内发出"当、当"直音，也称"倒灌音"。这种鼓的声音区别于其他鼓声，因舞狮时队员视野有限，而这种特殊的鼓声可以让队员很清晰地辨识，尤其与秧歌、高跷同时演出，尤为重要。这就对鼓手的要求较高，行话有"喇叭易得，一鼓难求"，一个好的鼓手就能带动整个后台乃至整个舞狮队。

新开舞狮的后台乐器以鼓、锣、钹、铙为主，"以鼓为令"是新开舞狮的主要特征，要求鼓手必须具备"性格倔强、身体强壮、反应灵敏、应变能力强"的特点，还需要有个性、有魄力。这样击出的鼓才能冲，见棱见角、对比强烈，具有节奏性、指挥性、鼓动性。于树文就是一个优秀的鼓手，他不仅了解鼓套和每个演员的性格，还可以根据一个动作相应击出准确的"鼓令子"（给鼓之前的信号）。鼓套为"硬三钵""急进风""冲头"等，也可不受限制自由发挥。大狮与小狮的鼓套不同，舞小狮子时，鼓套要顽皮好奇，起鼓要结实，结束要缓慢；舞大狮子时，起鼓要冲而快，收鼓要迅速。静态时用轻鼓，动态时用重鼓，玩动作时用高低音配合。每个套路前，有他们自己才知道的"鼓令子"作为信号。大场时，按照鼓的节奏舞狮，有时打"五鼓""四鼓""放轮"（敲击鼓边打出节奏），或者"冷鼓"。有时演员要鼓，有时鼓手给鼓，鼓手给令子后，演员会相应要出动作。演出一到高潮，两个头狮对要，相互嬉戏来到鼓手旁边要鼓，鼓手故作引逗，鼓声或急或缓，现场气氛尤为热烈。

随着现代文明的推进，人们的价值观念也随之变化，年轻人对这一传统艺术缺少兴趣，使舞狮队伍年龄渐大。同时市场需求萎缩，长期处在入不敷出的局面。舞狮仍活跃于盘锦大地，完全得益于班主霍延东的坚持。霍延东，市级非遗代表性传承人，满族，男，1966年11月生人，艺名"火三"。母亲曾是辽西地区知名评剧演员，受母亲影响，霍延东年轻就喜好民间文艺。1983年加入于楼文艺队，主要表演小生，后专攻舞狮。霍延东勤学好问、心灵手巧，舞狮技艺师承于树文，曾专修引狮郎，后学习后台伴奏。2000年组织并成立新开于楼舞狮队，从艺37年，情系舞狮，今依然坚守。

生活习俗舞蹈 / 二界沟地秧歌

东北地区的民间舞蹈有秧歌、龙灯、旱船、狮舞、二人摔跤、踩高跷等，多在一起配合演出，统称为"秧歌"。最初的"秧歌"皆以"载歌载舞"为主要表演形式，后逐渐演化成以"舞"为主。其中高跷也称"高跷秧歌"，为了与之区别，就有了"地秧歌"一说，可以直白地理解为"在地上扭的秧歌"。不管愿意与否，"地秧歌"的名号广泛适用于本境各类传统秧歌，反正

二界沟地秧歌展演现场　张良军　摄

二界沟地秧歌展演现场　行志红　摄

老百姓就这么叫。二界沟地秧歌就是其中一项，二界沟的秧歌还有很多称呼，因舞者多为河北、山东渔民后裔，语言上仍保留原来方言，于是被人戏称为"老坦儿秧歌"。二界沟秧歌又区别于内陆和沿河地区，形式动作自成一派，被业界称为"海上漂来的秧歌"。当地上年纪的老人则不管别人怎么称呼，固执地称秧歌为"大秧歌"，与河北沿海地区同呼一名。

明正德年间，二界沟已经成为渔民靠岸歇脚的地方，后逐渐发展为渔村、渔镇。二界沟地秧歌的起源颇具神秘色彩，当地至今仍流传"扭秧歌，好海田"的民谣，还有《鱼虾观秧歌》的民间故事。大致意思是讲：只有秧歌扭得欢实，海上才有好收成。秧歌扭得好，鱼虾都会蹦到岸上来看。对于相对封闭的二界沟，鱼虾懂音律万万是无法成立的，渔民群体又鲜有文人艺士，秧歌随船集体"上岸"则存在必然性。清中后期，网东沿沟开设网铺，置网置船，雇用渔把头从事捕捞、加工和经营活动。因地理位置偏僻，渔业生产条件艰苦，渔民的文化娱乐几乎是空白，同时挣工钱与"好海田"也没有必然的联系。可以推断，"扭秧歌，好海田"的说辞大抵源于渔民内部，并使其成为无法推翻的"谣言"。说辞一出，网东只能从外地雇秧歌队来此表演，实现"好海田"的心理愿望，同时满足渔民的精神文化需要；秧歌从外界"打包上岸"到渔民自主演绎同样也是必然的，"观看—模仿—学

二界沟地秧歌展演现场　行志红　摄

习—创造"是艺术的基本规律，民间艺术也不例外，大致时间可推断为民国初期。《辽宁民族民间舞蹈集成·盘锦卷》载："据老艺人李文祥（1889年生）讲，从伪满康德年间开始，每逢春节，从正月初一到十五都要扭秧歌庆祝。"可以判断，在20世纪30年代之前秧歌就已经存在于二界沟。秧歌风格已然固化，深受当地人民喜爱。二界沟如人，有着自己的偏执。一旦认可了，就是一百个好。秧歌如此，朋友亦然。就这样，秧歌成了二界沟的必需品。从20世纪80年代至今，二界沟地秧歌在域内的各类展赛中从未空手而归，有"得奖专业户"之称。《大洼县志》在文化篇音乐舞蹈节中用了"驰名境内，颇享盛誉"八个字，溢美之意不言自表。发展到21世纪，二界沟秧歌已经成为渔民生活的一部分，每晚都会自娱自乐地开展，有人说"一天不扭，浑身不舒服"，当然，参与者多为年龄偏大的渔民，其中女性居多。

　　二界沟相对封闭的地理环境使秧歌保存相对完整，今天看来仍然新鲜如初。地秧歌源于河北昌黎、滦县、乐亭沿海地区的大秧歌，经过漫长时间的发育，逐步适应当地环境和民意，最终形成了自有的风格体系和艺术特征。一是延续"昌滦乐"风格。秧歌队的服装色彩丰富，多以戏剧服装为主。从装束上即可判断人物角色，人物形象更加适应本地，设置孙悟空、猪八戒、济公、许仙、白娘子、傻柱子、憨婆、武丑等角色，形象生动，形态可掬。

表演时也有"跑旱船""老汉背少妇""猪八戒背媳妇"等情景剧；二是舞者与观众融为一体。表演以人多场面大、舞蹈形式灵活多变、热闹喜庆而著称。与很多艺术形式不同，二界沟地秧歌的观众与舞者没有明确界线，只要大鼓一响，男女老少不管有没有服装，哪怕手里拿条毛巾都可以参加；三是具有鲜明的海洋舞蹈特征。秧歌讲究"稳、艮、浪"。"稳"体现在动作发力上，舞者微蹲重心降低，但不会有大跳大蹦、大开大合的动作。比如逗丑中有"蹲步""碎步""点步""颤步"等动作，都是以稳为主。"艮"继承了滦县大秧歌"拧"的特点，强调"力由地生，以腰为轴"带动肢体舞动，舞姿有力而唯美。上装①表演以表现传统女子温柔、内敛、含蓄性格为主。艮要服从稳，浪要服从艮，称"稳中艮""艮中浪"。下装②舞者多采用自我陶醉、似醉非醉的表情，边扭边颤边抖肩的舞蹈动作，脚似踩浮萍，臂像风摆柳，像船上一般"走不快站不稳"。有舞蹈专家总结"这是渔民常年海上作业的习惯动作"。

二界沟大秧歌一般都是在宽敞的场地举行，鼓声响起，扭秧歌的人们便随着鼓点"走大场"，前有一人领场，能走出很多花样和队形，如"二龙吐水""四面斗""八面斗""过街龙""葫芦套""莲花座""朝天举"等十多种队形，以"莲花座"为例，就是扭秧歌的演员通过"走场"摆出一幅形似莲花的图案，最复杂的莫过于"朝天举"。常用曲牌有《句句双》《满江红》《柳青娘》《大姑娘美》等等，一曲到底，由慢到快结束。曲牌之间没有鼓令子，可直接转换。

二界沟地秧歌至今仍保留"串街"的习俗，就是秧歌队伍走街串巷，边走边扭。历史上，每当"串街"的秧歌队来临，商铺都事先备好香烟糖果等，并燃放鞭炮，壮其声势，祈求好海田。春节期间的秧歌会办得更加隆重，据老辈人讲"秧歌会办得好，来年海田必定大丰收"。尤其是年三十晚上的秧歌，会扭到近午夜。队员会手持花灯、鱼灯、虾灯、海蜇灯等彩灯，远远看去好看而古朴。

---

① 上装：唯美的女性角色。
② 下装：俊俏的男性角色。

岁时节令习俗舞蹈 / 辽河口寸子舞

辽河口寸子舞是流传于辽河下游一带的民间舞蹈。因为男演员要脚踩三寸金莲的道具，用肢体语言模仿女人形态动作，故称"寸子舞"，也叫"踩寸子"。寸子舞表演风格介于地秧歌与高跷之间，作为跷会中的浪情场，曾经广泛活跃在民俗活动当中。区别于国内其他地区"小跷"的寸子和满族的"花盆鞋"，辽河口寸子舞特点更为突出，表现力更为直接，以展现北方女人外向、泼辣的人物性格为主。一曲过后，俨然如"晚清的芭蕾"。

辽河口寸子舞主要活跃在辽宁省盘锦市大洼区东部大辽河沿岸，大辽河亦是盘锦与营口和鞍山的界河，自古就有河东河西之分。自明代开始，辽河

辽河口寸子舞在盘锦插秧节现场表演　王振宇　摄

水路已经成为沟通东北内蒙古与中原的水运动脉，渐次催生出大大小小的码头、渡口和渔村，在荒滩与河道的交汇之处繁育出文明。繁华的商贸文明也使得本地民风乐观、偏爱表演。秧歌是闯关东文化大背景下的一抹亮色，清嘉庆年间，关里的大秧歌与本地的粗犷热情结合在一起，形成了自有的表演风格，鼓乐班子用锣、鼓、镲、唢呐等奏出热烈欢快、谐趣俏浪的节奏，快速让秧歌音乐固化成型。本境流传有"没有秧歌不是年"的民谣，在元宵节的时候作为一种娱乐活动定期开展。《盘山县志》（伪康德元年）记："十五日为上元节，今改春节，俗呼灯节。"前后三天，商家张灯结彩，人们上街欢庆，秧歌就是其中的主角。同时，庙会、大集等民俗活动也促进秧歌繁荣兴盛起来。寸子舞就是于秧歌会中伴生并随之发展。原因很简单，即市场需要。《辽宁民族民间舞蹈集成·盘锦卷》对老艺人这样描述，"石维玉他多才多艺，心灵手巧。不仅擅长高跷，还会唱秧歌（又称抠灯碗，是晚上卸下跷腿表演的小戏）"。"先后到锦州、营口、海城、田庄台等地，人送绰号石大妞、石大娘们。"如果说高跷是"抬高舞台"的秧歌，那么寸子舞就是"固定舞台"的秧歌。寸子舞的兴盛离不开几个因素。首先，人们的审美催生出这一舞种。清晚期社会仍保留畸形的审美观，以缠裹变形的小脚为美。因为从小就裹脚重心不稳，长大后髋关节变宽，走路时会被动舞动上肢保持平衡，颤颤巍巍的步伐被误读为婀娜多姿之美。其次，男旦角色表演需要。因为女性不能参与戏曲和杂剧演出，进而产生了男旦这一行当。表演时用竹帘制作道具模仿三寸金莲，结合肢体和表情来展示女人的妩媚和泼辣。最后，就是群众娱乐需要。历史上，秧歌大多是东家雇佣。热闹一天，东家没有看够，加上冬季寒冷，就得在屋里炕上表演，于是有了"抠灯碗"的清场、浪情场等二三人表演。这一时期的踩寸子是以"唱舞结合"的形式进行演出。客观地讲，踩寸子是高跷的另类演绎，属小众类。根据已故老艺人石维玉（1919年生人）口述，寸子舞在本地至少有130年的历史。随着时代发展，裹脚这一陋习废止，人们将"寸子舞"视为封建迷信，使得这一舞蹈渐渐失去了演出的舞台。1986年，孙学英和付素霞在收集、挖掘、编撰《中国民族民间舞蹈集成》期间，意外发现了"踩寸子"，并于1988年得到老艺人石维玉、刘晓楼亲传。在此基础上，她们将"寸子舞"中的音乐、服饰、道具、动作、场记、传承艺人等进行了详细的记录和整理。1993年出版的《辽宁民

辽河口寸子舞在插秧节现场表演　刘杰　摄

族民间舞蹈集成·盘锦卷》，踩寸子被列入其中，后又被编入国家卷，即
《中国民族民间舞蹈集成·辽宁卷》。

　　纵观全国几种"寸子舞"，较为典型的是满族的"花盆鞋"、胶东的"踩
寸子"、河北的"踩寸跷"。唯有"辽河口寸子舞"具有完整的故事情节，独
立的舞蹈体系，有着"晚清芭蕾"的美誉。寸子舞表演前，将寸子竹帘一头
贴脚心，另一头齐脚腕，用绑带绑紧系好。穿上彩裤后，将脚跟掩饰在裤
内，只露三寸小鞋。演员由于踮脚穿寸鞋，表演尽量保持身体前倾的姿态，
挪动时始终迈着"金莲步"，从而达到身体平衡的效果。因竹子固有的弹性，
走动起来上下起伏，即产生颤膝的效果。寸子舞表演时，兼具戏剧性和随意
性两个特点。从辽南高跷、地秧歌中选取角色，让观众从形象上认可，用道
具辅之，艺人在临场发挥时即兴变化，动作一场一变，不固定模式，生动且
出人意料。但碎而不乱的步伐、活泼向善的情节始终保持，从而达到风格的

固化。

寸子舞最少要设置一旦一丑两个角色。旦角表演要恰到好处地表现女人含蓄、调皮、泼辣的性格。行进时迈着小而慢的金莲步，主要通过"大切身""遮面相""原地碎步""亮金莲"等动作调节节奏。其特点可归纳为："行走的慢、切身的快，展翅的大、悠花的小，站而不稳、碎而有序"；丑角的动作同样突出了"艮"字，"矮子步"腿部下蹲幅度大，膝屈伸起伏，脚要慢起快落，形成了艮的动律。"矮子步"配上"双摆袖""交替袖"等上肢动作，加之上下耸肩、眼神传情，展现男人风趣诙谐的人物性格。

辽河口寸子舞于2017年5月被市政府列入第五批市级非物质文化遗产名录项目。几年来，盘锦市舞之韵艺术传媒中心作为辽河口寸子舞保护单位，多次走访老艺人，积极挖掘寸子内涵。在辽河口寸子舞爱好者的共同努力下，通过几次大型活动参演亮相，让更多人了解到这一传统舞蹈。参与表演的年轻人对辽河口寸子舞产生了极大兴趣，同时促进了传承发展。市级代表性传承人付素霞在保留原有风格的基础上，对舞中的人物、结构、情节、动作进行改编，将原双人表演改为3人主演、10人伴舞，得到了省民俗专家的认可和高度评价，受到广大观众欢迎。

传统戏曲

　　一部戏曲涵盖了当地唱腔、故事情节、音乐、人物塑造等等，所需花费巨大。除却少数富商巨贾外，很难为戏曲班子提供长期演出的机会。重大节会活动，大多提前从外市邀请。皮影戏、大鼓书、说书等戏曲、曲艺形式比较适合平民消费，在本地较为流行。

皮影戏 / 大荒皮影戏

　　大荒原为辽宁省盘锦市盘山县下辖乡，位于盘山县北部绕阳河左岸，后更名为得胜镇。此地历史悠久，民风朴实。境内有五台子、四台子、三台子3座明代烽火台遗址，沟通北镇、台安的辽东边墙曾在此地穿境而过，因边墙废止改为道路，被当地称为"老边道"。清朝前期属于封禁区域，比较荒凉，故被称为大荒。大荒皮影戏便发源于此。

　　发端于河北省卢龙县的卢龙古道从河北直通古城辽阳，是隋唐征辽东陆路之一。相传皮影戏就是由军士从长安带入此地，当地仍流传有民谣"唐王到辽西，远征打高丽。薛礼戟挑盖苏文，影戏庆胜利"。据项目市级代表性

大荒皮影戏在辽河美术馆广场演出后台　张明　摄

传承人张永怀（1927年生人）口述："一位名叫于山泰的唐山皮影人将皮影戏带到太平庄①。于山泰以唱皮影为生，经常在周边地区演出。大荒村民张自文家境殷实又酷爱皮影，于是拜于山泰为师学习皮影表演艺术。" 20世纪初，张自文购置影箱正式组建张家皮影班，将当地独特的"碱巴蜡"方言与皮影结合，开启了大荒皮影戏的传承发展之路。张家皮影班在盘山境内迅速唱出名气，经常受邀为人唱影。皮影戏曾是大荒和周边地区重要的民俗内容，每逢重大节日或诸如男婚女嫁、生儿育女、老人祝寿、乔迁新居、生意开张、庄稼丰收等喜庆之事，都要请皮影班唱皮影以示庆贺，当地人也称"唱喜影"。皮影戏内容具有"娱人""扬善罚恶"等社会功能，人们在祈福、求子、望子成龙等愿望实现之后，大多会唱皮影还愿。甚至于邻里之间化解矛盾，也会请张家皮影班以表心意。张自文后将皮影传给儿子张春普。从小耳濡目染，张春普的儿子张永怀可以说"在皮影声中长大的"，唱起皮影戏来毫不含糊。1949年以后，22岁出头的张永怀带领张家影班外出唱影，听过他唱皮影的人都竖大拇指。1958年以后，大荒皮影戏被迫停滞，大部分唱本被毁，仅有《四平山》四卷保留至今。1993年，曾任三棵树村党支部书记、村淀粉厂书记的周兴阁退休，向村委会争取了两间平房作为老年活动中心。在周兴阁的鼓励下，张永怀等几位老人重拾影箱，使独特的"碱巴蜡"唱腔在三棵村老年活动中心再次响起。渐渐的，三棵树村的皮影队伍扩大到近20人。他们的唱本也越来越丰富，最初只是演唱《四平山》，后来连续排演了《三请樊梨花》《五峰会》，并编出历史剧《得胜碑传奇》等新曲目。2007年，大荒皮影戏被盘锦市政府公布为首批非遗保护名录项目。此后，在各级政府部门的大力保护下，大荒皮影戏积极走入现代社会，走进课堂，创作皮影新剧，使这一朵根植于盐碱地的民间艺术之花再次悄然绽放。

盘山县是退海之地，盐碱过高会造成土地板结，于地面形成泛白的结晶体，远远望去像"蜡"，本地也称"碱巴蜡"。特殊的地理环境养育了独特的文化，世代生活在这里的人们在发音、腔调上都与周边不一样，比如，在唱"上街去"时，艺人会把"街"（读gāi）字拖音拖得很长很高，而把"去"字说得很轻、很短。大荒皮影戏板腔曲调就是以此方言为主，高亢、婉转，

---

① 太平庄，今属盘山县太平街道，与得胜镇西南相邻。

韵味独特，洋溢着淳朴自然的地域特色，很难将其归类到主要流派，于是就形象地称为"碱巴蜡唱腔"。

大荒皮影戏唱词大多为七字言、五字句，讲究合辙押韵、上仄下平。所用板腔根据剧情需要，通常分为慢板、快板和流水板等，板式灵活多变，文场与武场唱腔有别。慢板是皮影的主要板式，又称大板。节奏一板三眼，腔调低沉、舒缓，易于表述内心的感受。快板，节奏较快，适合情感发泄，畅快淋漓。流水板又称二六板，大多平缓，易于演唱。表演起来，喜，可让人心舒气爽；悲，能催人泪下。韵味独特，洋溢着淳朴自然的地域特色，符合北方人豪爽、粗犷的性格，其音色、腔调浑厚、朴实、高亢，听后给人一种畅快、舒爽的感觉。

大荒皮影戏在唱腔上有着独特性，在其他方面也能发现辽河流域的文化基因和个性。一是影件。刻影主要分"选皮、制皮、画影、定影、刻影、涂影、烫平、连接"八道工序，这是皮影班里的细活儿，根据戏中人物的善恶忠奸制作不同形象的影

大荒皮影戏影人　陈明洋　供图

人。目前大荒皮影有影人1.3尺80件、1.5尺55件、8寸40件。各种人物头茬502件，身茬135件，马匹10件，桌、椅、车辆等影件126件。其中有后期购置，也有传承人特殊制作而成，可称传统美术的经典。二是耍影。如今皮影班一般都是5至6个人，具体分工不同，统称"耍影的"。前面拿影不少于2人，后台伴奏在左侧。具体的操纵（耍影）方法分以下六个方面，即"捻、拨、提、按、挑、压"。文场一般用"拨、提、按"三种指法。武场要把六种指法全用上，要靠腕与手指的巧妙配合。第五代传人张桂芳、贾桂娥，在师父张永怀精心指导下，又通过长期实践，自创了"翻马不翻人"的独特"指法"，使打斗场面更加惊心动魄。三是曲目。大荒皮影现拥有《杨文广征南》《四平山》《得胜碑传奇》等新旧曲目40余部，大多是古代军旅题材的唱

本和影卷。唱词的韵律都是上仄下平，以"七字言""五字句"为主。语言流畅，对仗工整，合辙押韵，易于演唱，属于皮影唱词中的平唱类。大荒皮影艺术的影人形象、曲目唱词、曲调板韵，为研究辽河流域的民间音乐发展史提供了重要的依据，对追溯、研究本地历史文化发展脉络有着重要的参考价值。

大荒皮影传承至今已有150年，经历了跌宕起伏的传承发展之路，对当地人民群众的劳动、生产、生活、民俗、娱乐产生了深远影响。如今，大荒皮影不仅获得重生，而且还有了创新。得胜学校将皮影引进到语文课上，学生自己雕刻影人，模仿课文里面的人物进行课本剧演出。传承人李春印将皮影戏不断创新，排练出《小羊过河》《孙悟空三打白骨精》《东郭先生和狼》等短节目，向孩子们推广皮影艺术。创作出反腐皮影剧《南山打虎》在盘山县巡演，发挥皮影寓教于人的社会功能。另外，为了保护和传承皮影，得胜镇还成立了文化旅游服务公司，借助当地的旅游资源带动皮影戏演出和发展。

传统杂技与竞技

　　杂技包括魔术、广场杂技、高空杂技、马戏等，竞技则以传统武术、体育、竞技项目为主。境内已知的项目资源有手彩魔术、广场杂技、传统武术、朝鲜族体育等形式，它们具有一定的竞技性和表演性，在强身健体、修身养性、表演和自娱自乐等方面，至今仍发挥着重要作用。

游戏 / 辽河口儿童玩耍

　　游戏是儿童成长过程中必不可少的内容。传统游戏是人们在长期的共同生活中逐步形成，并经过实践检验流传至今的一种活动，具有鲜明的地方特色，对儿童成长具有重要的意义。辽河口民间儿童游艺众多，由儿童集体创造并代代相传，具有极强的趣味性和地域性。

　　境内地广人稀，在农耕文明的框架下，人们大多以村屯聚集的方式生活，通过互助完成繁重的农业生产。孩子们天性好动，房前屋后、场院地头皆是他们的游乐场。冬季或连雨天，室内游戏则成为主要玩耍方式。游戏大多规则简单，中间有奔跑、身体对抗、复活、角色扮演等传统体育因素，影响了数代人的童年。锻炼体魄的同时，对开发儿童智力、收获挫折教育甚至塑造他们最初的人生观和价值观都有积极作用。

团队竞赛，强化协作的文化基因

　　"占山为王"，找一高处土堆，一队守山一队进攻，占领山头即为胜利方。"挤香油"，选一处墙角，逐个向里拥挤，喝唱"挤啊挤啊挤香油，挤出粑粑换糖球"，承受不住者退出，再向里面拥挤。"警察抓土匪"，用手心手背决定分组，人数多者为土匪，剩下的最后一人即为警察。警察抓到人便变成土匪，周而复始。"打口袋"，先决定两人为攻打方，隔7米相对分立两侧，充当投手，剩余孩子在中间。口袋为提前用布缝制的等边六面体，中间塞满稻壳。中间孩子若被击中，就得变成攻打手。若能接住口袋，便可获得一次"生命权"。"跳皮筋"也是一种团队对抗游戏。此类游戏往往会激发孩子的潜能，并在复活的过程中感受挫折教育，将团队互助这一理念潜移默化地渗透给孩子们。

角色演绎，培树孩子的朴素价值观

"丢手绢"，孩子们围坐成圈，选一人把手绢随机放在追逐者身后，追逐者发现之后要拿起手绢奔跑，如果把被追逐者抓住，两人则交换身份，开始新一轮的游戏。如果没发现，或被反捉，则要有"惩罚"。游戏灌输了原始狩猎观点。"老鹰捉小鸡"，同样是追逐和被追的关系，将老鹰和鸡分别进行了善恶划分，"鸡妈妈"为保护者，"小鸡"则为被保护者，被抓到的"小鸡"会暂停游戏。在参与过程中，体验善恶及角色情感的最大化。

道具参与，修正人性的原始缺陷

因地处北方，漫长的冬季会造成室外游戏无法实施。与皮筋、手绢等道具不同，以道具为主的游戏大多为一对一竞赛，没有身体对抗和体能消耗。

盘锦插秧节辽河口玩耍情景再现　于兴军　摄

比如，嘎拉哈、啪叽、火柴盒、玻璃球等等，以赢取物品为目的，规则简单，不受人数限制，无需特殊场地，并且连续开展。通过道具的获得—失去—再获得这一过程，在输赢之间，孩子们的专注力、心态调整、心脑肢体协调力等均会有所提升。此类游戏把孩子们的原始"赌徒"意识和占有欲望激活，不同的孩子表现出不同的游戏态度，并在反复的游戏过程中自我修正相关缺陷。同时，道具的收集过程亦会培养孩子分类整理、物品保管、亲手制作等多个良好习惯。

童谣陪伴，丰富自我的审美体验

"拉大锯，扯大锯，姥家门口唱大戏。"大人手扶婴孩儿手臂前后晃动，这可能是最初的儿童玩耍。"你拍一，我拍一，一个小孩穿新衣；你拍二，我拍二，两个小孩梳小辫。"在说唱民谣的同时，按照数字相互击掌，出现失误者为输方。"小皮球，驾脚踢，马兰开花二十一，二五六，二五七，二八二九三十一"，这段民谣与跳皮筋相伴，节奏明快，在运动中促进协调能力。在韵律的组织下，通过区域方言编排，结合游戏形式，让孩子们感到新奇，同时丰富孩子们的审美体验，这将陪伴孩子的生长过程，最终使他们获得独有的文化感受。亦可理解为乡愁。

一个人，永远走不出自己的童年。不管未来走到哪里、走得多远，童年将是一生的底色。随着城镇化进程的推进，现代科技飞速发展，加之繁重的学习压力，那些曾陪伴几代人成长的传统游戏迅速被遗忘、被抛弃、被挤压。孩子们像木偶一样被固定在电子设备的前面，像公主一样被放置于现代玩具堆中，能激发创新精神、培养健全人格、保存民族精神文化的传统儿童游戏却成为"落后""俗气"的代言词，进而进入非物质文化遗产行列。2017年5月，辽河口儿童玩耍被市政府列入盘锦市第五批市级非物质文化遗产代表性项目名录，以期获得新生。

传统美术

    境内传统美术作品鲜有精致繁复，多强调实用主义，兼具朴实而直接的审美情趣。剪纸、刺绣、布艺等女红糅合了多地特征，内涵以平民禳灾纳福为主调，总体呈现满汉融合的特色。苇编、草编、芦苇烙画等内容皆由湿地孕育而生，在地区文脉中留下了浓墨重彩的纹理，亦是社会进程中文化积淀的结晶。

编织 / 小亮沟苇编

　　苇编在辽河入海口地区具有广泛的群众基础，小亮沟苇编以其原始质朴、保存完整的特点，独具代表性。

　　辽宁省盘锦市大洼区西安镇属辽河平原退海之地，境内地势平坦，天然及人工水塘较多，为芦苇生长提供了良好的自然环境，当地素有"棒打獐子瓢舀鱼，家家户户编苇席"之说。2019 年，西安镇被文化和旅游部评为"2018—2020 年度中国民间文化艺术之乡"。小亮沟村位于西安镇的东南端，辽河在小亮沟东侧轻盈地甩了一个弯儿，一路向南注入渤海辽东湾。辽河与海水的反复冲刷，使得此地湿地丰盈、沟渠纵横，芦苇毗连成片，草场资源

编织手在编鱼篓　林松　摄

丰富。关于小亮沟村的起源已很难考证。据《大洼县志》记载："顺河寺在西安镇小亮沟村东"，《海城县志》记载："顺河寺始建于清顺治五年五月"。寺庙的出现往往晚于人类聚落的形成，不难推断小亮沟村的历史要早于清顺治五年。先人们在此占据塘片，开荒耕种，催生出渔猎与农耕并行的地域文化。可以臆断苇编在小亮沟传承不少于4个世纪。小亮沟苇编的蓬勃发展离不开辽河的滋养。一方面，此地属辽河入海口，淡水与海水在潮汐的作用下反复冲刷，使得此地芦苇丰富，且唾手可得；另一方面，小亮沟村曾为清朝"官摆渡"，是辽河商贸通道的重要节点。到了清咸丰年间，随着关内山东、河北等地的移民陆续增加，加上小亮沟得天独厚的苇田资源，小亮沟苇编逐步兴盛起来。

据史料记载，"辽河自开河至封冻期有船往来近两万艘"。这些船只途经下辽河、田庄台、下口子屯（小亮沟下属自然屯）时，用杂货换上苇编制品，运往黑龙江、吉林、内蒙古等地。苇席品种有"提尖""炕板""京庄""黑三纹"，另有"四八"等规格小席，而卖席的则是驾掌寺、王家塘、魏家塘等地的编织能手。小亮沟系辽河航道为数不多的官摆渡，独特的地理环境和资源使得当地苇编制品从实用品向商品快速转变，并随着辽河航道的船只易货而出，流向全国各地。时光的脚步行至民国，小亮沟苇编由单一的苇席增加了"苙子、虾苞、鸡蛋篓子、鱼篓、酱斗篷、蒲草鞋、草绳、草帘子"多种样式，手工技艺日臻成熟。20世纪60年代初，大辽河一带的苇编业进入鼎盛阶段。当地人民政府专门成立了工副业科，常年推销苇编制品，销往全国各地。80年代后期，化纤产品大范围出现，其制品因颜色艳丽、价格便宜而迅速取代苇席。其他苇编制品也渐渐无人问津。时代发展让小亮沟措手不及，没有任何征兆，仿佛一夜之间芦苇制品就退出了我们的生活，相关技艺处于尴尬的观望状态。

20世纪50年代的鸡蛋篓　刘汉武　摄

小亮沟苇编是劳动人民充分利用当地自然资源，在生产生活实践中创造出的传统编织，为实用美术的立体呈现。长期以来，相关技艺虽不见著述，也未有资料详记，但已牢牢地印在当地劳动人民的心中，很多人说不明白，但编制时花样繁多、得心应手。靠的是口传身授，凭个人悟性和长期实践才能掌握。小亮沟苇编所用工具主要有拉子、三镂穿子、四镂穿子、五镂穿子、磙子、尺杆子、苇夹子、撬子、夹子、拉席刀等。根据编织材料的不同，

苇编福字纹　张明　摄

小亮沟苇编技艺流程分为备料和编织两大部分。以苇席为例，备料部分包括选料、破苇、去皮、碾压、投出、阴干等工序；编织部分包括踩席头、做心、回编、圈边、洒水、划痕、叠回、包犄角、打茬子、夹席等工序，所用材料就地取材，全程手工制作。编织的纹饰从过去单一的席片逐渐演变出三纹、双纹、格纹、斗纹、织字（福字、喜字）等纹样图案。经过数代人的创造和积累，小亮沟苇编制品种类丰富、样式繁多，目前已形成生产生活用品、包装品、工艺品、装饰品、礼品五大系列，具体包括苇席、苼子、虾苞、鸡蛋篓子、鱼篓、酱斗篷、草绳、草帘子等100余种苇编制品。当地人"靠山吃山，靠苇吃苇"，孕育出独有的苇编艺术，是移民垦荒文化的代表，彰显了先民们的拓荒精神，蕴藏着农耕文明及河运商贸文明的基因。几百年来，作为一种重要的文化载体，见证了当地农耕文明的延续和发展历程，是劳动人民长期智慧的结晶。它不仅满足了人们生产生活中的实用需求，也给人们带来了艺术及审美上的享受。

随着人们生态意识的提高，当地政府相继出台了保护芦苇湿地的有关政策和法规，保障了苇编原材料的供应。2007年，西安镇文化站对当地80岁以上的苇编艺人进行录音录像，开展资料收集与整理工作。小亮沟苇编于

2008年6月19日被盘锦市人民政府列为市级非物质文化遗产保护项目。2010年，市文化广电局举办了两次大型苇艺草编展示活动；同年，由当地政府出资，举办培训班两次。在当地文化站设立展室，收藏并陈列苇编相关器具及代表作品。2015年7月，小亮沟苇编入选辽宁省第五批省级非物质文化遗产代表性项目名录。有关单位投入大量资金，用以进一步收集相关文献资料、开展走访调研、采录拍摄视频、征集实物作品等保护工作，并为传承人提供宣传展示平台，鼓励其开展传承培训活动。

编织 / 兴隆台战氏草编

地理和资源是地域文化的决定因素，关于辽宁区域的蒲草编织，《奉天通志·物产篇》如是记载："蒲包，以蒲织成用以盛物""蒲扇，以蒲编之，精麤不一"。将蒲作为域内特产，其影响力足见突出。盘锦市地处辽河入海之处，拥有丰富的蒲草资源，蒲席、垫、扇等蒲草编织品种类多样，蒲编轻便耐用、冬暖夏凉，广泛应用于日常生活当中。

战氏蒲草编织（以下简称为"蒲编"）源于民间草编技艺，工艺精湛，做工讲究，制作的款式引领着当代草编的潮流。其作品承载着草编制品的技

兴隆台战氏草编展示现场　王洪阁　摄

蒲编草鞋　战向英　供图

法精华，兼顾多个层次的实用美术。该项目市级代表性传承人为战向英（1952年生），她所掌握的蒲编样式及技艺系家庭内部传承。太姥姥蘭西芳就靠家传的手编制品维持家用，因家境贫穷，几个孩子都在父辈言传身教之下学会蒲编。举家开展蒲编目的很简单——为了填饱肚子。战向英的母亲李树云在8岁的时候就开始学习蒲草草鞋的制作，编完后再拿到今烟台市掖县沙河镇去贩卖，用来养家糊口。战向英姊妹7人，大家都是在刚懂事的时候由母亲手把手教制作蒲草制品，蒲草鞋、蒲草垫、蒲草篮、蒲草果盒等等，大家分工明确，作品"流水线"式地加工出来，然后由父亲赶早集贩卖，给家里人换粮吃。姐妹几人如果有偷懒不干活的，就会被责骂。当然生活略有盈余，以致战向英的孩时回忆均与零花钱有关联。1973年，战向英随丈夫来到盘锦辽河油田工作，看到随处可见的蒲草，偶尔拾些蒲草在家编制蒲草鞋，留给家人使用。真正"重操旧业"是2009年退休之后，她安心制作蒲编，相关样式就像电影一样自动出现在脑海里，用她的话讲"手里拿着蒲草，不用想，就能编出来作品"。很快她的蒲编进入公众的视野，尤其是蒲草鞋，受到社会各界的关注。2017年，相关草编技艺被盘锦市政府列入第五批市级非物质文化遗产保护性项目名录。战向英喜欢国画和书法等美术，她将一些现代元素融入蒲编，增强了制品的艺术性。作为传承人，战向英经常参加各类公益活动，为乡镇培训，为基地授课，努力培养更多的人参与蒲编传承。

蒲草一年四季生长于水中，采草的最佳时间为深秋到初冬，过早过晚皆会影响草的质量。采草时要用长把

蒲编草鞋　战向英　供图

大镰刀割草，操作者立于岸边，将长有蒲棒且无虫咬的蒲草从水面下割断，然后打捞上来。整根蒲草不能全用作原料，有用的部分只占十之二三，要求绵软柔韧颜色洁白，如果加上色差和粗细的筛选，真正可用十之存一而已。之后在太阳下晾晒，去除水分同时兼顾杀虫，晒干后捆好收藏起来，要时刻防虫、防潮，以免耽误将来使用。

备料之后，全年均可以加工。将晒干的蒲草用水沤湿，唤醒其柔软和韧性。因制品不同，采取不同的蒲编技法。草鞋则需要模具完成，模具由实木加工而成，调整模具便会得到不同的鞋号，大小胖瘦皆可调整。首先将蒲草破开，选择光滑的部分编出草鞋里子，然后拧底子，将底子和里子编在一起，也称上底子。之后编面，按模具形状由下至上编，最后收口，也就将里子和面儿编成整体，收口也是考验技术的关键环节。成品后晾晒，这样一双蒲编草鞋才算完成。

草编是盘锦乃至辽宁较悠久的传统美术，先人依水而居，就地取材，利用随手可得的蒲草编成生活用品和工艺品，具体起源已无从考证。其制品兼顾实用美学，蕴含着先人顺应自然的生活态度。相信，随着人们生态意识的回归，蒲编定能再次回归生活，散发魅力。

战向英在展示蒲垫半成品　林松　摄

剪纸 / 盘锦刘坤剪纸

　　盘锦刘坤剪纸是辽河沿岸的家族传承剪纸，其核心为"传统节日剪纸、红白喜事剪纸、吉祥剪纸"等民俗剪纸。在大辽河沿岸传统美术中较具实用性、代表性和群众性，蕴含丰富的下辽河民俗基因，呈现出"杂糅、实用、自然崇拜"的湿地风格。源于河北的"皮影、剪花"与山东"抠画"两条脉系的融合，分属于河北乐亭吴高氏和河北藁城刘刘氏，在清光绪年间先后来到田庄台，并与当地民俗民风融合发展演变，于1975年幸运合流，延续至今已近两个世纪。

剪纸《富贵如意　八方贺喜》　刘书坤　作

　　盘锦刘坤剪纸的传承史可称"田庄台的半部近代史"。清光绪二十二年（1896），发生在田庄台的甲午末战刚刚结束，古镇百业待兴。河北省乐亭县的吴高氏携儿带女闯关东在田庄台落脚，选择了"缝穷①"来挣钱糊口。同时，根据当地的红白喜事习俗为民众制作实用剪纸，如祝寿团花、白事习俗剪纸、婚礼剪纸等。传给儿媳吴厉氏，后

---

　　① 缝穷：为苦力、杠夫、船夫、车夫缝补劳动过程中破损的衣裤。

传授给孙媳杨春荣。杨春荣的母亲从河北省无极县迁至田庄台，平时经常剪河北的鞋花、团花、福寿花等图样，杨春荣嫁到吴家后将两种风格剪纸融合贯通，成为第三代传承人。杨春荣以剪纸和缝纫为生，吴杰（1954年生人）耳濡目染，很小就掌握了实用性剪纸。1975年，吴杰和刘书坤（1958年生人）结为夫妇。剪纸开始融合，这一个融合过程仍是以实用为主。刘书坤的母亲尹玉华家住海城县高坎湾镇，家境殷实，受家庭影响擅长女红。母亲对刘书坤的影响较大，嫁入吴家后，从小打下的剪刀底子很快派上了用途。就连刘书坤也没想到，她用了一辈子剪刀。1983年，刘书坤从事服装裁剪工作，因手艺精湛、为人大度，在田庄台一带小有名气，被当地人简呼为"刘坤"。2000年，从事27年服装裁剪工作的刘书坤放下大剪刀，重拾小剪刀进行剪纸的创作。2008年，吴杰退休后，与刘书坤一起开始了对剪纸的制作和研发。2013年，"盘锦刘坤剪纸"被市政府列入第三批市级非物质文化遗产保护名录。刘书坤被认定为该项目市级代表性传承人。盘锦刘坤剪纸的传承方式是：家族各自延续后因婚姻归为一体，然后转为家族与师徒传承。就剪纸而言，这种不断代的延续尤为珍贵。分析其原因，剪纸的实用性决定了传承的连续性。缝穷、红白喜事剪纸、节俗用剪纸、裁剪衣服、艺术剪纸等，一把剪刀剪出两系家族不同的传承画面。

下辽河流域历史传承悠久，湿地文化底蕴深厚。盘锦刘坤剪纸为研究下辽河文化及辽河三角洲区域文明提供了大量的图形佐证，在闯关东文化背景下，通过盘锦刘坤剪纸作品，可以窥探移民文化在此嬗变和交融的投影，可以鲜活地再现下辽河风情，用积极向上的理念影响人、鼓舞人，可称辽河口重要的文化遗存。项目大体可分为传统剪纸、风物剪纸、时政剪纸三大部分，其中传统剪纸可分为节俗剪纸、纸马类剪纸、吉祥剪纸，风物剪纸以民风民俗剪纸和鸟类剪纸较为突出。

历史上的盘锦自然和人文环境相对粗犷，人们通过剪纸来传递对自然、对美好生活的期盼，其中以端午节习俗剪纸最具代表性。一进五月，湿地环境下万物滋生、害虫出没、瘟疫流行。"祈福禳灾"成为端午节较为突出的文化内核，剪纸则成了最直接的表达。人们将蝎子、蜈蚣、长虫①、赖疤

———————

① 蛇，当地人称长虫。

子①、蜘蛛这"五毒"视为一切灾病的根源，端午时节要在自家门窗上张贴歼灭五毒的剪纸，以求消灾祛病，祈求康健。包括《剪（歼）绞五毒》《斧（福）灭五毒》《锥（追）扎五毒》《鸡（吉）擒五毒》《葫芦吸五毒》等作品，在大辽河沿岸广为使用；每逢年关，家家户户会准备剪纸，包括福字、鱼图、吉祥娃娃和生肖团花、挂钱儿（挂笺）等。这些剪纸有着实用和美学的双重功能，或用于祭祀，或用于营造春节气氛，或寄托祝吉纳福、邀引

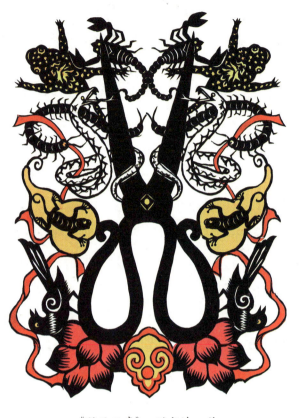

《歼灭五毒》 刘书坤 作

财源的心理。纸马类剪纸主要用于祭祀活动，历史上田庄台关于灶王、财神、门神、家堂画等图案大多通过剪纸来实现，有精明者将剪纸刻板印刷，便成产业。至于白事情②用古钱和灵棚剪纸则鲜有人印制。据传承人吴杰口述：历史上田庄台的褚家、鞠家、杨家、王家丧事规模最为宏大，有的会大办七七四十九天。为装饰灵棚，专门邀请项目第三代传承人现场剪出"仙佛宝器""二十四孝"等剪纸。现今普遍留传下来的剪纸大多有着逢图必有意，逢意必吉祥的特征，盘锦刘坤剪纸根据用途可分为福禄禧寿财、囍字、如意、节庆、团圆、富贵、生肖等系列剪纸。其构图新颖，画面清亮，意愿直白，吉祥喜庆。不断代的叠加传承，使得盘锦刘坤剪纸保留了大辽河沿岸诸多传统剪纸纹样，因为失去了用武之地，只能通过记忆复剪，作为资料存档。传承人刘书坤可称为"一座小型剪纸博物馆"。

---

① 蟾蜍，当地人称"赖疤子"。
② 白事情，统指葬礼和丧事。

盘锦市级代表性传承人刘书坤顺应时代发展，创新不失传统。2008年以来，刘书坤有计划地创作剪纸，将盘锦区域内老行当、儿童游戏、景观风貌、物产资源等等成系列地创作出来，充分记录了近50年来盘锦的民风民情，例如古镇老行当系列剪纸、小时候系列剪纸、高跷秧歌系列剪纸等。同时，对所有在盘锦湿地出现的鸟类进行艺术记录，包括鸥、鸭、雁、鹬、鹤、鹭、鹳、鸻，鹰、雕、鸮、隼、雀、莺、鹨、鸫等442种鸟类的具象剪纸，表达对家乡的热爱，唤起人们对鸟类的关注和保护生物多样性的自觉。先后创作歌颂执政成就、反腐倡廉系列等时政剪纸，例如《盘锦风采》《滨海盘锦走进新时代》《百鸡图》《剪五毒》等作品，用剪纸这一喜闻乐见的民间艺术讴歌时代、推介盘锦，同时开设公益讲堂，向剪纸爱好者传授盘锦刘坤剪纸。特别是辽宁省政府提出"非遗进校园、进社区活动"惠民实事工程以来，刘书坤应邀走进校园进行传承活动，并在盘锦市老年大学、辽河油田实验中学、盘锦市兴隆台区第二小学、盘锦市兴隆台中学开设剪纸选修课，迄今为止，直接传授的学生已超过400人，连同到大连理工大学盘锦校区、盘锦职业教育学院和城乡社区等地的传授活动，累计授课超万课时，受益人员已达1000多人。为弘扬传统文化，树立市民文化自豪感做出了积极贡献。举办盘锦刘坤剪纸专题展览13场。中央电视台多个频道、人民日报、辽宁卫视和盘锦市电视台等多家媒体报道这一传统文化。

木雕 / 盘锦核雕

盘锦核雕系本地民间微型雕刻工艺，以桃核儿、杏核儿、橄榄核儿等果核为主料雕刻成工艺品。作品寓意吉祥，题材丰富，形式多样，工艺精湛，是本境极具代表性的微雕艺术。

盘锦境内的核雕起源无从考证，历史沿革脉络相对简单。盘锦有着"多水无山"的环境特征，桃树、杏树等果树主要种在自家院落，因为院子的土壤会得到一定程度的改良，栽种果树可观赏可食用。以观赏为主的桃树，民间也称"看桃"。秋季桃子成熟，心灵手巧的人能将桃核儿制成花篮，悬挂腰间，取"逃"和"拦"之意。有的人会利用桃核上的褶皱进行简单雕刻，题材多为"猴"，取"封侯拜相"之意。多种题材表达了人们对美好生活的向往和憧憬。这一时期核雕多属于闲暇无事创作，艺术语言朴实而直接，具有一定的装饰功能。艺人们大多不将其作为主业，会做的艺人攒够一定数量的作品，就拿到大集、庙会上贩卖或者易货。大多身前立一个木架，将核雕作品拴条红绳悬挂于木架之上。集市拥挤，这种方式在休息时可立稳只占一人之地，行走时扛在肩头，既不吆喝也不叫卖，颇有文人气质。这一阶段也

核雕《福寿如意》 郑家榜 作

核雕《哪吒闹海》 郑家榜 作

相对漫长，盘锦核雕这一小众的民间美术，承载了自娱和祈福双重功能，在民间一直延续下来。发展到20世纪90年代，各类工艺美术信息不再闭塞，本地一批核雕爱好者尝试着向"精品"发展，渐渐形成规模，相关制品更是佳作频出。核雕作品从"逗孩子的小玩意儿"向文玩转变，雕刻的主材也不局限于地产的"看桃儿"，橄榄核、玉石、核桃等皆可用来雕刻。题材更是突破单一"花篮""猴子""福子"等素材，向多种形式拓展。然而从地域文化角度横向对比，盘锦核雕仍以桃核雕刻更具辨识度，因为盐碱地决定了它的文化基因。

现今，盘锦核雕从题材内容分，主要有三个系列：一是吉祥如意系列，如十二生肖、避邪神兽等；二是神仙人物系列，如十八罗汉、观音、弥勒佛等；三是山水系列，如山水风景、古典园林等。从作品使用形式大抵分为珠串、坠件两个系列。珠串即把多个核雕穿成一串，多为十八罗汉头像、各种祥兽、群仙聚会等，也可以"带雕工的"为主，配以普通桃核，突出雕工。坠件系列以单粒核雕为主，配以红线，可挂在颈项或佩戴在腰间，人物有仕女、观音、罗汉、花鸟等；雕刻技法包括浮雕、镂雕、透雕等多种手法。作品创作过程可分备料、选材、打大形、雕刻、抛光、把玩等多个步骤。创作会因材施雕，立意选材。雕刻时多为单刀直入，结合桃核的纹理褶皱随形施刀，当然也允许二次创作。雕人物时，最难的是开脸，一般多从鼻子开始雕刻，根据人物性格特征开脸，具体手法因人而异。成品要打磨抛光，最后是把玩。作品要在人的手中长时间把玩，让体液、油脂等浸入，久而久之，质感如膏似脂，色彩稳重鲜活，亦坚固似玉，不易开裂。

近年来，盘锦核雕队伍迅速发展壮大，精品频出，呈现出繁荣的新局面。具体原因有很多，但就技术层面而言，离不开工具的独特性。"工欲善其事，必先利其器"，核雕刀具的创新和研发是最具决定性的因素，正是因为成熟的制刀工艺降低了雕刻的难度，使得更多的人加入盘锦核雕队伍。核雕刀主要有两大类，一类为雕刻用刀，分为四种：一是平刀，形状像单刀的篆刻刀，按刃宽分很多规格，主要用于制作大形，也可粗雕细部。一些成手艺人习惯用大平刀开脸，不拘泥于细部，从而更好把握整体气韵。二是半圆刀，就是在半圆的钢条上磨出斜刃，它同样有很多规格，用途广泛。一件核雕作品上的起伏转折处，多用半圆刀完成，有循势而为的妙处。三是角刀，形状如倒三角形，多用于细部雕刻。四是特小刀，形状和以上几种类似，只是刀头直径更微型，甚至达到零点几毫米，适合雕刻米粒大小的景物。另一类为辅助用刀。分为两种：一是修光刀，形状像斜刀，但是没有斜刀那么锋利的刀尖，只是用来刮削表面；二是掏肉刀，形状很像一段铁丝或者钢丝，但其实是用来挖核里面的果仁，因为果仁如果不掏空，雕刻制品会生虫，不利于长期保存。一个好艺人可能有30多把刀放在手边，随取随用，运刀如指。更有聪明者，将牙机、钟表修理工具用于核雕打磨等工艺。与电脑建模机器雕刻不同，盘锦核雕保持了"一刀到底"的做法。机雕固然唯美，但缺少了北方地区刀削斧凿的粗犷味道。尤其是长时间把玩之后，刀痕被磨成弧线，呈现出一物一品的个性化气韵。

盘锦核雕是本地微雕的代表，题材多样，立意深远，其中融合了宗教、民俗、美学等文化精髓，极具文化价值。一批工艺精湛、唯美雅致、耐人寻味的核雕作品浸透着传统文化的审美意识。一件好核雕作品是器与美的完美融合，是市场价格与文化价值的和谐统一。主要体现为和谐、寓意、趣味三个方面。盘锦核雕中无处不体现和谐，工匠和材料的和谐、造型和立意的和谐、意识与刀法的和谐、实用与美学的和谐。似乎要将世事万物、历史人文都在方寸之间尽情呈现。作品取意于传统，体现了当地劳动人民对美好明天的期盼之意。利用果核自身的褶皱，遵循形而上的美学意象，因材施雕，因意选材，尊重材料的自然趣味，追求自然致简的微雕意境，使作品大有浑然天成之感。

盘锦市兴隆台区活跃着一群执着的微雕艺人，他们利用废弃的桃核进行传统微雕创作，其中郑家榜核雕作品以雕工精细、人物开脸手法独特、艺术价值高等特点而独具代表性。受长辈的影响，郑家榜年轻时喜爱核雕，但只限于业余爱好，从上学开始就喜欢鼓捣①桃核。上班后业余时间专注于桃核微雕，痴迷其中，收集各种微雕图案，掌握了一手独到的微雕技术，在本地小有名气。随着核雕作品影响力的不断提高，很多人慕名而来，有的收藏其作品，有的拜师学艺。渐渐的，在本地形成了一个微雕团体，他们之间不以师徒相称，多直呼其名。在他的带动下，这一群体的核雕技艺不断提高。郑

---

① 鼓捣：折腾之意。

家榜在不断地传承实践中，得到社会各界的认可。先后获评中国工艺美术协会木雕专业委员会委员、中国民间文艺家协会会员、辽宁省工艺美术大师。2015年，被认定为盘锦市级非物质文化遗产盘锦核雕代表性传承人。2016年4月，郑家榜联合多名艺人开办了盘锦核雕第一期公益培训班，活动持续3个月，免费培训50名学员，这一团队迅速成长壮大，协力推动盘锦核雕这一非物质文化遗产传承发展，取得了良好的社会成果。

刺绣 / 大洼掇绣

掇绣，也称"掇花、垛绣"，系北方刺绣的一个民间流派。大洼掇绣是民间刺绣中较为简单的刺绣形式。掇花时只需要一枚专用掇针、一块布、一个绣花绷子、各色绣线就可以开始了。具体工艺是：选取花样子描图、绷绣布、准备绣线，然后用掇针带动绣线在绣布上掇刺，使面料背面形成线套，再用剪刀将线套剪去，成品像织毯一样细密结实。掇绣也是本域最具群众基础的民间刺绣之一。

项目所在地为辽宁省盘锦市大洼区大洼街道，位于大洼区行政核心区域。大洼街道原为大洼镇，曾是以市场集贸为主的小镇，镇内地势平坦，气候四季分明，人民多以自耕自农为主，后期逐渐发展演变成为繁华的中心镇，成为大洼区政治、经济、文化和交通的中心。

市级非物质文化遗产大洼掇绣代表性传承人李淑云，1947年出生于大洼县新建农场，自幼受母亲陈云贤影响，10岁下地干活，同时学习女红家务活儿。据李淑云回忆：20世纪50年代是本地掇花的巅峰时期，因为没出嫁的女孩必须学习"掇花、刺绣"等女红。随着社会的变革，待嫁的姑娘放下针线和剪刀，参与家里的农活，相关技艺才逐渐变少。从现今看来，20世纪70年代以后出生的女孩大都不会做女红。李淑云小时候并不喜欢掇绣，更愿意去田里干活。因为母亲要求严格，她不得不学，于是便一边劳动一边学习掇绣。结婚后嫁到大洼镇，她的手艺得到邻居和家人的推崇，家里经常会聚集一群人跟她描花样、学掇绣。掇绣上手简单，容易制作，成品结实耐用，还具有双面装饰效果。20世纪80年代之前，本地常将掇绣用于门帘、被帘、枕套等家居用品。改革开放之后，随着机器刺绣的发展，手工掇花逐渐退出群众生活。目前，能熟练掌握相关技艺者大多在70岁以上。2013年10月，大洼掇绣被盘锦市政府列入第三批市级非物质文化遗产代表性项目名录。

大洼掇绣所用绣线，多为三四种同类色线或邻近色相配，绣出晕染自如的色彩效果。除了用色彩表现作品的明暗虚实之外，还可用剪线的技巧获得立体效果。作品色彩明亮、

掇绣枕顶《蝶恋花》 李淑云 作

富有装饰性和立体感，具有质朴自然、奔放热烈的北方民间特色。同时人们把祈福心理寄托其中，多采用托物寄意的方式制作作品。人们希望幸福，就用蝙蝠、佛手形象，用来象征"福"；希望摆脱贫穷，加官晋爵，就采用梅花鹿以象征"禄"；希望长寿，就借用桃、寿星、仙鹤象征长生不老；贺喜则借用喜鹊；用鸳鸯龙凤表示夫妻恩爱、胖娃娃怀抱大鱼寓意连年有余……"画中有戏，百看不烦"，一些美丽的神话传说和戏曲人物也是刺绣品的表现题材。大洼掇绣是当地女人们表达感情的实用艺术品，反映了不同时期社会生活状态，对于研究本地历史文化有着图鉴的作用。

掇绣前准备相关工具和原料。掇绣的底料可采用棉、麻、毛、绸缎、化纤、绒等。绣针为钢制掇花针，针眼儿位置与缝纫机针相仿，针尖针杆中空，按所绣品种不同选择绣针型号，从细到粗排列。绣线挑选色泽鲜艳、有光泽、粗细均匀的线。彩线、绒线、毛线都可作为绣线。绣花绷子一副、专业剪刀一把、设计好的图案一张。刺绣过程要有"心存一条线"的精气神。先将所要绣的图案拓印于选好的底布上。用绣花绷子将布绷紧、拽平。刺绣针法有垂针、抢针、绵针、倒针、横针、跳针、乱针、排针、圈针等等。根据不同的部位、不同的效果，采用不用的针法。待作品完成，要求绣者根据绣品的画面进行加工立体剪绒，最后也可用熨斗熨平底部或绣面，以使其光滑伏贴。

大洼掇绣历经数代人的延绵传续，发展创新，逐渐形成了自己独特的地方风格。作品源于生活、服务生活，承载着人们对生存环境、生命意义的认知和感受，体现了当地民众的聪明智慧和美好的愿望。

烙画 / **盘锦苇画**

盘锦市苇田收割面积55608公顷，年产芦苇50万吨左右，列世界之先。人们对芦苇的使用可称得心应手，并在生活中孕育出本地的生活美学——芦苇烙画。

《盘锦事情：辽河口湿地的城市镜像》提及苇编：明朝时期，盘锦境内高平驿、沙岭驿室内就铺设有苇席，称"席片""席屏"。所谓"席片"，就是将芦苇剖开碾轧成条后将其编织成片，整体为单色。织就有图案的苇席，如"席屏"则需要单独定制，有工巧者用较深颜色的苇条与新苇条混合编织，形成"福纹、回字纹"等图案，这一步骤完成了苇画的初步孕育，也可称为"苇编画"。具体起源因鲜有文字记载，无从考证；发展到清朝末期，苇编画受瓷器和西洋文化的影响，尤其是烙画的成熟，作品呈现多样式。闯关东大批关内的移民迁至本境，由工匠携带相关技艺至此，带动烙画这一传统画种在境内发展，广泛用于家具装饰等生活领域。多数是采用中国画和民间画相结合的表现手法，作品大多以花鸟、吉祥图案、花纹装饰为主；发展到20世纪60年代，营口市成立苇画厂。苇画从实用向装饰转变，已脱离苇席、家具而单独存在，经历代艺人的不断探索实践，在吸收西洋画表现手法上进行大胆尝试，工具、材料、技法和烙画内容等方面都有所发展。以芦苇的秆为原料，经艺人剪、烙、贴、润等十几道工序精心创作而成，简称为"苇画"。

盘锦苇画工艺历史悠久，是传统美术的现代延续。盘锦地处渤海与辽河相拥之处，不同于其他内陆及淡水湖芦苇，海河交汇之处水质属咸淡两合水，这里成长的芦苇苇节超长，质地厚重坚实，苇皮光亮细腻，本色天然。特殊地区苇管比寻常芦苇厚4倍，最高的芦苇地上茎高达5米，芦苇地上根部茎粗可达2厘米。芦苇原材料是其他地域无法比拟的，为苇画最佳材料。用辽河入海口的芦苇做出的盘锦苇画更是层次突出、三维立体、浮雕效果强烈，再加上复杂的制作工艺，盘锦苇画作品给观者带来很强的视觉冲击力和震撼力。每年冬至前后，工匠精挑细选作画用的棉苇子，当地人称"屁屁苇子"。采剪时从芦苇地上茎第二节剪断，然后去梢装袋，回来后再挑选色泽统一、质地厚实的芦苇去结去皮。

盘锦苇画的制作工艺有十几道工序，对艺人的要求极高。制作芦苇画前期要经过挑选、修剪、浸泡、烫平、打磨抛光等步骤，一步也不能马虎。主要包括：（1）熨苇。将挑选好的苇管浸泡水中6—8小时，捞出去膜，破开后熨烫平整备用。（2）布局。用熨好的苇片拼接粘到事先画好的图案上。（3）透图。将布料后的苇片放在灯箱上用铅笔把图案透出。（4）熨色。用电烙笔在透好图的苇板上描出图案轮廓和深浅色调。（5）锁边。将画好的图案用剪刀按轮廓线剪下来，再用电烙笔按轮廓线烫锁边缘，注意要流畅整洁。（6）套边。将锁边后的苇板图案零部件分别粘到背胶绒布上套一圈2毫米小边。（7）组装。把套边后的各零部件组装起来，调整完善。（8）装裱。将组装好的苇画图案裱在镜框里或是中国结挂件板上即可，一幅漂亮的苇画最后完成。值得一提的是剪穗，用剪刀的刀尖来修剪苇尖，将芦苇片修剪成参差不齐的锯齿形，用来表现动物的毛、植物的蕊、人物的发，也叫"丝毛"技法。而最重要的一个环节就是熨色，烙画有勾、点、皴、染四种手法，完全

苇画《富贵吉祥》 周玉友 作

靠艺人手上的感觉，可以做到炭、焦、深、褐、淡五色。如"运墨而五色具"，运用起来画面变化无穷。

盘锦苇画于2013年10月列入市级第三批非物质文化遗产代表性项目名录。市文化部门公布传承人有周玉友、李秋香、张晓春、张守波。其中，市级代表性传承人周玉友在继承传统的基础上，结合本地芦苇特色，在艺术创作上勇于创新，创作出浮雕苇画。周玉友，艺名周航，1967年出生于辽宁省盘锦市大洼区新兴镇。辽宁省工艺美术大师，辽宁省工艺美术行业协会理事，盘锦市民间文艺家协会副主席。2000年开始从事浮雕苇画的艺术创作，为境内浮雕苇画的始创者。他从事手工芦苇画制作专业20余年，多年来无偿教授弟子280多人，遍布盘锦城乡各地，为挖掘、保护、传承芦苇传统烙画和制作工艺做出了贡献。他创作的浮雕苇画，对于宣传盘锦旅游，扩大盘锦知名度都有重要的意义。2015年被大连理工大学盘锦校区"致远大讲堂"聘为讲师，被盘锦职业技术学院聘为客座教授。被市总工会评为"特殊贡献奖"，获得"盘锦工匠"荣誉称号。

苇画《锦上添花》 周玉友 作

盘锦苇画的创作是民间传统工艺与现代装饰艺术相结合的结晶，它的画面本色天然，具有浓厚的河口特色，它体现了继承与创新的统一，传统与现代的统一，表现出独特的艺术内涵。宣传盘锦文化，扩大盘锦知名度。在申遗之路上，盘锦苇画的相关做法具有极强的示范性。

据统计，截至目前，盘锦市常年专业苇画创作人员50人，2012年以来，参加省级展赛项目并获奖11人次，夺得中国工艺美术最高奖"百花杯"8人次，金凤凰奖1人次，参加国家级工艺美术博览会并获奖10人次，多幅作品入选辽宁省廉政文化书画摄影作品展。在这一团队的共同努力下，苇画于2017年被评为"辽宁礼物"。无数荣誉的取得，见证了艺人们常年不懈的努力，也得益于苇画这一独特传统美术的魅力。目前盘锦苇画得到了很大发展，从业人员众多。作品先后多次被中央电视台、辽宁电视台等媒体宣传报道，在全国层面为推动辽河口文化发挥了积极的作用。

刺绣/双台子民间刺绣

　　双台子民间刺绣是观赏与实用并举的手艺形式，承载着厚重的传统文化与区域人文情怀。民间刺绣，俗称"针绣""扎花""绣花"。它最初主要流行于广大乡村。通常是以家织布为底衬，采用各种彩色丝线，用一根细小的钢针参照图案上下穿刺，织绣出各种纹样。绣品包括幔帐、门帘、被面、枕顶等。题材广泛，图案风格多样，寓意深刻，充分表达了本地人们对美好生活的憧憬和其厚重的文化内涵。

　　双台子区，原为辽河边上的一个小渔村，因河边有两座明代烽火台而得名。民国四年《盘山县志略》载："盘山设置未久，地处海滨。然大河前横铁路旁贯水陆支通，每年出入货亦称甚夥。"这条"大河"即辽河。19世纪80年代因为大辽河（原辽河）淤塞，双台子河逐渐承担起海河航运的功能，19世纪末期每日通航可达2000余艘。围绕大河，当时盘山县构建起"海运、铁路、陆河、陆路"立体的运输网络，小渔村双台子恰恰处于这一网络的枢纽位置。1984年盘锦建市，设立双台子区。因客观原因，盘山县、双台子区"同属一城"，直到2006年盘山县搬至新县城，双台子区才"独立为城"。行政名称的升级并没有影响这一区域的民间文化，因为那条大河依然流淌，两

枕顶藏品《喜上眉梢》　张明　摄

岸的人们依旧繁衍生息，于是文化也被固化并传承下来。受地理区划及近代商业的影响，地域文化具有包容兼收的风格特点。

刺绣是生活中孕育而生的传统美术。当地女性从小就学习女红，将精神需求寄托在刺绣作品之上，具有祈福纳祥、实用装饰双重功能。20世纪初期固化成型，20世纪80年代达到顶峰，后因现代文明的推进，逐渐从大众生活中退出。发展至今，只有少数群体仍在坚持刺绣。在现代文明的影响下，尤其是网络科技的高速发展，使得原来封闭的刺绣样式和技法互通互融，进而逐渐演化成多种风格融合的刺绣风格。刺绣制品的实用功能逐渐退化，相关制品为迎合市场

枕顶藏品《凤穿牡丹》 张明 摄

需求，延续了门帘、被罩等作品大篇幅形式，借鉴苏绣、湘绣等针法和构图特点，形成以装饰画为主的刺绣风格。分为花鸟鱼系列、山水系列、双面绣屏风系列。色调古朴，针法细腻多变，有着鲜明的浮雕感和民间色彩。

刺绣有三要素：针法、材质、图案。图案也称"花样子"，多为绘在纸上的图形。大多为单张纸，也有成系列的花样装订成册。描样子时，将半透明纸覆盖其上，用笔轻描成形。因"花样子"在绣者之间反复描绘传递，所以多为经典图形，可称"多一分则繁，少一分则减"。多以龙凤、喜鹊、荷莲、牡丹等为主，随意组合，形成凤戏牡丹、鱼戏莲、喜结连理等画面情节，取吉祥如意之意。作品大多取单色背景，主体配色以红绿蓝为主色，晕色多采用"三蓝"渐变。讲究疏密有序、大胆留白的布局。构图以三角形、椭圆形、长方形为主。刺绣针法采用滚针绣、练针绣、绳线绣、别针绣、反针绣、发针绣、蒙针绣等，讲究细、密、活、顺、亮的特点。"细"，将绣线劈成四股、六股，甚至八股，结合底布材质，细致刺绣；"密"，针对现代作品要求针脚细密整齐，不能露底，形成自然肌理；"活"，讲究自主创作，在熟练掌握基础技法之后，不受制度限制，鼓励按意施工，形成一人一品的刺

枕顶《喜上眉梢》《鱼戏莲》 张明 摄

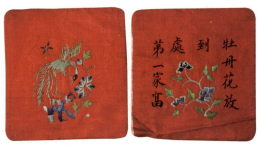

枕顶《凤穿牡丹》 张明 摄

绣风格;"顺",线条要符合图案,见圆见方,以齐整的线条肌理突出图案质感;"亮",通过绣线之间的颜色对比、绣线与底布的对比,形成光亮整洁的效果。

双台子民间刺绣属于家族内部传承。第一代传承人王田氏(1910—1969),手艺来自家族内部传承,裁剪服装、刺绣、剪纸、纺织样样精通。生有一儿四女,儿子王雪松擅长书画,尤其擅长龙凤牡丹等吉祥图案。四个女儿分别是王桂玲、王桂兰、王桂香、王桂芳,个个心灵手巧。第二代传承人王桂芳(1938—2014),曾在当地评剧团参与演出,同时为剧团绣戏服。精通手工刺绣,绣床罩、鞋,剪纸等。第三代传承人纪伟娟(1959年生人),王桂芳之女,辽宁省盘锦市双台子区人。父亲纪玉财擅长绘画、母亲王桂芳精通刺绣,受家庭的熏陶影响,从小爱好各种艺术,尤其喜欢手工刺绣、织、钩等技艺,对龙凤、牡丹、荷花、人物、动物系列、双面绣情有独钟。现将技艺传给徒弟尹艳、凡艳,外甥女张文锦,儿媳王玲。

陶艺 / 辽河口海泥土陶

　　盘锦是辽河入海之处，在自然伟力作用下河淤海退，进而形成这片土地。河流搬运作用使较重的砂粒先行沉积，河口之处淤积的黏土更加细腻，具有良好的可塑性。本地对泥土的规模化烧制，最少可推断至清光绪年间，距今已一个多世纪。较早的日常生活用品多为泥土制作，冬日用来防寒取暖的火盆，日常饮食的泥瓦盆和粗瓷碗、陶罐子、花盆、水缸等生活用品，皆取自泥土，经过煅烧而成。因为盘锦"多水无山少树"的环境制约，燃料的匮乏限制了炉火的温度，所以鲜有出产精致陶瓷的窑址，这也成为海泥陶的一个遗憾。据《盘锦市文物志》第三章记载，本地有窑址三处，分别是："大洼县荣兴镇清代砖窑遗址3个；以炼制泥瓦盆、瓷碗为主的大洼县平安镇

土陶《马车》　高明祥　作

老窑地遗址；始建于清光绪年间的高砍湾老砖窑遗址。"以上窑址均分布于辽河沿岸，想来必有两种原因：其一，经济环境繁荣。陶瓷、砖瓦等制品可运输、可销售，这是必然条件，甚至是前置条件。其二，可以就地取材。如果泥土不能为之，不管前置条件怎么优厚，建窑是万万不可。海泥具有可塑的天然属性，但抗烧性较差，炉温过高容易炸裂，烧制之前需要养护、降盐、晒干等多道程序，集结了先人丰富的生活智慧。用于传统房屋的瓦当，可以臆断为本地泥土从实用向艺术转变的标志，经过民间数代传承，不断融合其他地区的土陶特点，演变至今。已经形成集实用美学、手工技艺于一身的民间艺术种类。

河口兼收海水和河水，本地形象地称之为"两合水"。辽东湾属于渤海内海，是我国纬度最高的海湾。潮涨潮落，水的拉力在滨海地区形成大大小小的潮沟。沧海桑田，有的潮沟冲刷成河道，容纳河水与海水交替奔流；有的则随潮汐向湿地漫延。潮沟当地话也称"海岔子"，"海岔子"的泥可以说是经过岁月沉淀，陶泥与细沙淤积成滩。这一土地既有两合水的孕养，也含有适当的盐碱成分，成为芦苇最喜欢的生长环境。淤在芦苇根部的海泥黏稠柔软，也是做陶最珍贵的材料。艺人会将泥土放在日光下晾晒，待水分蒸发

土陶《禁》 高明祥 作

殆尽，挑出影响塑形的土块和硬结，以防止揉泥时候出现气泡。然后将泥土破碎成粉末，用直径较小的筛子筛选出细致的陶土。炼泥是决定陶泥质量的关键，时间和力量缺一不可。海泥珍贵的地方在于，揉好的泥至少需要封藏一年，微生物在陶泥中不断发酵，增加海泥的柔韧性，时间越长柔韧性越好。

因为劳动强度大、经济效益低等原因，如今能熟练烧制海泥土陶的艺人大多年龄较

大，现今从业人员为数不多，是亟待保护的传统文化资源。传承人高明祥做过很多职业，最后执着于土陶，沉浸其中已近30年。因没有经过专业美术的培训，高明祥的作品呈现出多系列多样式的特点，比如象形系列、民俗系列、佛像系列、茶具系列等，注重造型、色彩、质感高度结合，从而展现细腻的土陶风格。作品多采用分体塑形的技法，根据不同部位采用不同的手法和工具，做好的作品要在阴凉处晾干，最后放入窑炉中，用1000℃窑火烧制才算完成。高明祥传承了传统土陶手工技艺，并创作出具有盘锦当地特色的土陶作品。典型作品大多以劳动人民为表现对象，组合而成各类劳动场景，非常具有观赏性与收藏价值。代表作品："知青年代""湿地之最""清代造酒工艺""传统排船工艺"等。

高明祥，男，1967年12月出生，大洼区赵圈河人。中学毕业后开始自学美术绘画和雕刻，为以后的创作打下了良好的基础。1995年尝试做一些建筑模型和核雕。1996年从事浮雕和木雕创作。1997年同沈阳万豪宾馆食品雕刻大师曹宝玉老师学习食品雕刻，考取了一级厨师证。2000年从事陶艺创作，师从陶艺名家车成尧。2004年在鼎翔生态旅游度假区建立陶艺展馆，百余件作品被鼎翔集团和私人收藏。2007年做大型雕塑，作品被多座寺庙收藏陈列。2009年建立自己的工作室，现有作品百余件。2013创作了"湿都之最""舍利塔""六合印""和合""艺术吊球"等作品，被评为盘锦市工艺美术大师。2014年"湿都之最"和"九龙香薰"被盘锦市评为最佳创意优秀作品奖。2015年创作的民俗文化作品"鼓乐队"获得辽宁省第四届"玉龙杯"铜奖。2017年4月成为盘锦市大洼区非物质文化遗产代表性传承人。2017年10月荣获盘锦五一劳动奖章。2017年获得"辽宁省工艺美术师"称号。

传统手工技艺

　　手工艺是指以手工劳动进行制作的具有独特艺术风格的手艺。其制品有别于工业化批量生产，人们在使用时能体会到安全、温暖、艺术感，蕴含较强的地域文化基因，系一个地区传统文化的重要组成。

木作 / 二界沟排船制作技艺

　　二界沟排船是由辽河口二界沟镇从事特殊捕捞生计的"渔雁"群体以手工方式制造大型木质船舶的传统技艺，其实践方式为主要依靠"掌作"师傅的经验，由工匠们集体手工制作。二界沟排船过程沿袭手工制作和民俗仪式相结合的生产方式，具有浓郁的辽河口特色与区域人文意味，沿袭至今已近200年。

　　二界沟排船制作技艺的核心区域在辽宁省盘锦市大洼区二界沟街道。二界沟镇原为渤海湾边的一座小渔村，清乾隆年间，沟东、沟西分属海城县、广宁县管辖，故命名为二界沟，取两县分界之意。二界沟系海水潮汐反复冲击而成的一大潮沟，沟宽水深，渔船出入便利，是中国最北的天然渔港。自古以来，富饶的

排船工匠群体　聂刚　摄

辽河口海域渔场南起营口，西至锦州，辽河等江河水注入其中，渔场水质肥沃，资源富饶，一直吸引着无深海捕捞能力、只能沿海岸线迁徙流动赶海为生的"渔雁"群体来此集聚。近年来，二界沟已发展成为一个繁荣富庶的辽东湾渔业小镇。由于二界沟的渔船多用于近海捕捞，通常二三天就会返航靠岸。铁船造价高，闲置期除锈费用也高。新排的木船前几年几乎没有维修成本，使得木船仍为当地大多数渔民的选择，故而二界沟传统排船制作技艺得以保存。

根据相关文献记载推断，二界沟排船制作技艺距今有近200年传承历史。据《盘锦市志》工业卷第二章记载："1830年（清道光十年），有5—6吨的渔船30艘左右，樯1200棵，改挡网生产为樯网生产。""渔船开始搭伙捕捞，部分有资金实力的商户，见有利可图，在二界沟置网置船，开设网铺，雇用船工。"这一时期，在二界沟催生出"排船、修船、捻船、织网、补网"等行当，到1909年（清宣统元年），有31户"大网东①"在二界沟开设网铺，田庄台、锦州、河北、秦皇岛等地的排船师傅受雇到此地，排船技艺在此阶段得到提高。1939年，日本侵略者为掠夺中国资源，在二界沟建立"渤海株式会社"，从东北强招数千名劳工，遣送二界沟围海筑堤，织网造船，修建码头。据当地老渔民回忆："当时有名叫傅克德的掌作曾被日本人强征在码头排20余艘帆船。"1957年，二界沟成立"金星渔业社"，1958年改名"辽盘渔庄"，后成立国营造船厂，傅克德作为老掌作主持排船，此后，二界沟排船以养贝厂造船厂最为出名。现今，当地很多排船老师傅都出自于此。20世纪80年代，随着渔船"三权下放"政策实施，传统排船在二界沟开始复苏并呈献井喷之势，排船作为单独的经营项目得到迅速发展。

二界沟排船技艺复杂，排船术语近百个，总体工序分为放样、安放龙骨、组装骨架、上船壳外板、安楼子、捻船六大部分，历经50余道工序，需耗费1200多个工日才能完成。在传统社会里，从事排船的工匠识字极少，使得排船技艺鲜有文字记载。行业内"掌作"师傅怕丢饭碗，对排船技艺多秘不外宣，故此技艺多靠工匠"偷艺"习得，并且仅有少数人掌握，在行业内形成"木匠不防铁匠，铁匠反会排船"的怪象，工匠排船"一人一个样"。

---

① 网东：网铺的东家，现称老板。

船坞　潘博　摄

这一现象在近年来才有所改变，技艺的主要承载者打破行业旧规，开始践行有序传承。二界沟排船很多技艺至今仍依靠手工制作。如"大拉的熏蒸制弯，斧子砍龙骨，水拉随弯就弯安装"等，设备无法完成，完全凭靠排船师傅的经验掌控。二界沟排船所用工具繁多。木作用斧子、刨子、锯、钻、方尺、活尺等工具，共计30余种。铁匠炉、打铁工具，用于打制特殊铁件；捻匠用扁铲、手锤、缝钩、钉扣等20余件。另有木质构件蒸煮炉、上下坞主坞道、停船坞道等设施。

相比排船的烦琐，排船过程中的民俗活动相对简单直接。在"砍龙骨""上大鼻子""下坞"时会举行隆重的传统祭祀仪式，表达渔民对海洋的崇拜之意和感激之心，抒发渔民对平安幸福生活的向往和追求，也有船主对掌作、水作木匠、铁匠、捻匠工作的感谢之意。这些祭祀活动图的是热闹，求的是吉利，表达人们祈福新排的船平安顺利、鱼虾满舱的美好愿望。保护二界沟排船制作技艺，可填充辽宁地区退海文化中造船文明的空白，夯实辽宁海洋渔猎文明的文化底蕴。

由于二界沟排船系纯手工操作，具有劳动强度高、人工成本大的特点，加之在传统社会里掌作师傅对排船技艺秘不外宣，使得排船技艺在二界沟仅被少数人掌握。由于老一辈工匠多年事已高，一些人先后离去，二界沟排船将处于无人排船的困境。随着社会的发展，木船将被铁船所取代，二界沟或许会面临无船可排的尴尬。二界沟排船制作技艺于2015年7月被辽宁省政府列入第五批省级非遗保护名录，得到社会各界的支持和认可。

二界沟东侧仍保留330米码头，1740年开始使用至今。项目保护单位盘锦远航船厂位于中间位置，原址为"大永发"网铺，2018年底获得"辽宁老字号"称号。船厂遵循"沟满上坞、落潮出海"的生产规律，常年在船坞开展木质渔船排造、维修、捻船、上坞歇冬等传统活动。因排船不受季节限制，所以码头成为常年定期开展相关活动的文化空间。保护单位已采取保护措施如下：一是恢复古老帆船的排船技艺。将船舵、船桨、篷的制作和衔接

上大鼻子（艏柱）仪式　张学杰　摄

技艺恢复，并制作成船模型，以实物形式展示。同时研发非遗文创衍生品，在文化产业领域取得较好成效，船模作品获评"辽宁礼物"。二是筹建辽河口排船博物馆。保护单位收藏了一定数量的渔俗文物：明代木椗（木锚），明代铁锚、舵杆、木臼，清末"门锭子船"1艘、"牛船"1艘，20世纪70年代"樯张网船"2艘、"架子网船"1艘。老渔船构件、捕捞工具上百件，排船木匠工具、捻匠工具、铁匠工具200余件，顶船、拉船工具几十件。三是启动数字化保护工作。保护单位已对70岁以上的6名排船工匠进行访谈，将排船技艺过程全程摄录。相关影音像资料数字化存储。四是宣传推介辽船文化。排船技艺先后被中央电视台、《中国国家地理》杂志、新华社、《辽宁日报》、《今日辽宁》、辽宁电视台等多家媒体专题报道，二界沟排船文化引起国内专家学者的关注，极大增强了辽河口区域民众的文化自信心和自豪感。五是以人为本开展保护工作。项目省级代表性传承人被央视《大国工匠》栏目报道，获评首批"辽宁工匠""盘锦市劳模"等荣誉称号。

第一代创始人毛本元，为清中期人；第二代传承人傅克德，为20世纪20—60年代排船掌作；第三代传承人孙清山，为20世纪60—90年代掌作；第四代传承人张兴华，为20世纪90年代至今的掌作；第五代传承人张茂胜，从2010年至今操习此技艺。目前张兴华为这一技艺的省级代表性传承人。

张兴华祖籍山东省泰安市宁阳县堽城镇侯家庄。1964年10月生人，高中学历，18岁高中毕业后到二界沟从事木匠，初起为"旱作"，经几年历练，进入当时二界沟镇养贝厂船厂，改做水作木匠。张兴华先后师从孙青山、李丛荣、赵俊海等人，跟老师傅们排船、修船。对于排船技艺，张兴华天赋极高，加之不懈钻研，21岁时即可独当一面，成为排船大工。其后，他又学会画图放样，23岁即可独立排船。张兴华善于钻研，勇于创新，其改进的捻船技艺，被大连、丹东等地借鉴，其捻船技艺被收录到中国水产行业标准《木质渔船捻缝技术要求及检验方法》。他对排船中"船形改进、做龙骨、做骨架、上大拉、捻船"等技艺进行了改良，使二界沟排船技艺愈发精湛。

饮食 | 二界沟郭氏虾油虾酱制作技艺

二界沟虾油、虾酱是以二界沟海域的特产乌虾为原材料,通过手工方式发酵而成的特色产品。辽东湾海域内具有丰富的海产品资源,其中乌虾较具代表性,每年乌虾产量持续而稳定,味道鲜美,自古就吸引各地的渔民来此捕捞加工销售,为世人食用。相关制作技艺全部依靠手工完成。每年春夏相交之际,选取新鲜且品质上乘的乌虾,经过卫生处理、拌盐、装缸、杵乌虾、打耙、晾晒、撇虾油等流程制作而成,技艺要求严格,制作周期长。在二界沟当地有着广泛的群众基础与悠久的传承历史,可谓:此味鲜美,非半年之功不可为,非精细之心不能得。

二界沟地处中国最北海岸线,淤泥质海滩为浅海提供了丰富的饵料。冬季寒冷成为冻港,经过一个冬季的休养,成片的海冰消融,各类海产品孕育生长,使得辽东湾享有"聚宝盆"之誉。与众多宝贝相比,这里盛产的乌虾却是默默无闻。当地内陆人均知道卤虾油和虾酱的味美,却鲜有人知道这美味缘何而来。乌虾,营口地区称蜢虾,二界沟称"麻线"。因为出水上岸之后半个小时就溢出黑色汤水,故称之为"乌虾"。看似平凡,乌虾对生长环境却是极为挑剔。只在两合水的海域生长,对于水的盐度特别敏感,咸了淡了都会影响其生长。每年二月初二龙抬头之后,二界沟西南的海域就有成片的乌虾出现。只用一个月,乌虾就可成熟,所谓成熟当地也称"抱籽"。此时的乌虾体长比小米粒大一点儿,比大米粒略小,乌虾颜色略微发黄,皮薄肉厚,肥美新鲜。这样的虾连看清都很费劲,渔民很少直接食用,却要费力捕捞,只因自家院里的大缸已经迫不及待,等着新鲜的乌虾到来。如不及时捕捞上来,乌虾很快就甩籽排卵,变得干瘪。一般端午节之前,乌虾经过两次甩籽,就彻底失去味道。这一规律跟温度有直接关系,只是早几天晚几天而已。长年累月的近海捕捞，当地渔民早早就掌握了乌虾的习性，在小满之前，可网的乌虾就会被抬上码头，成为制作虾油虾酱的原材料。

二界沟的美味以虾皮、海米、鱼肉子、海蜇、虾油、虾酱最为出名。历史上，盘锦地产的贡品多以水产品为主，虾油就是其中之一。据《盘锦市志》记载："本地水产加工历史悠久，早在清朝年间制造的虾油曾充当贡品，并远销省外。"在清朝时，盘锦市的行政归属是散开的。清开国后在域内北部设放牧官马场，归广宁府（今锦州市）管辖，后在盘蛇驿设总管衙门。清顺治元年（1644），设海城县，境内的南部区域归海城县辖。二界沟原为一条潮沟直通内陆，据民间传说是海城与广宁的界河，因此而得名。清康熙九年（1670）秋后，官马场的庄头进京禀告养马之事，特带卤虾酱一坛。康熙皇帝就餐品味后，大加赞扬。卤虾酱遂成了贡品，有原封贡虾之称。后来因为虾油的调味作用，衍生出各种吃法，虾油渐渐声名鹊起，广为人知。当地有"生吃螃蟹活吃虾"一说，就是将鲜活的虾蟹用虾油浸泡后食用，以卤清虾最为典型。内陆人家腌制咸菜，美味也是来源于虾油。然而很多人不知道，虾油和虾酱实则同属一缸所出，只是虾油的广泛应用名气略大而已。

二界沟虾油虾酱制作技艺始于渔民创造，具体起源无考。因为乌虾和盐两味主料皆可地产，故这一技艺应该起源较早。受原材料限制，二界沟郭氏虾油虾酱制作技艺核心区域为辽东湾二界沟镇，向外覆盖范围包括营口、锦州、葫芦岛、鞍山、大连及河北霸州、滦县等沿海城市。20世纪30年代初，河北省滦南县房各庄村郭振宝到二界沟打鱼，每到冬季冰封大海、水陆不通，渔民就得沿陆路走回河北。有的渔民则留在当地过冬，当地也称"猫风"。郭振宝留在二界沟过冬，第二年开春，郭振宝发现二界沟的乌虾产量高，质量非常好，于是他便在二界沟开设作坊，加工制作虾油、虾酱，凭着祖上传下来的手艺与郭振宝本人的刻苦耐劳，在当地逐渐创出了口碑与名气。20世纪30年代，郭振宝举家从河北迁徙到二界沟。其子郭喜栋年轻时参加中国人民解放军，参加抗美援朝，胜利后回到二界沟。凭借家传的手艺，被选为二界沟生产大队加工组组长，渔民称为"作把儿"，也就是制作虾酱的把头儿。郭喜栋先后被评为县劳动模范、省劳动模范，退休后仍在岗位上工作数年；郭喜栋的儿子郭立柱很小就跟着爷爷和父亲一起制作虾油虾酱，基本上没有做过其他的工作，时下来讲就是"择一生做一事"。20世纪

80年代，自己开设作坊，当地人称他为"大柱"。郭立柱虽然文化程度不高，但其继承了郭家勤劳务实的家风，通过不断的努力使得作坊日益扩大，后在当地政府的引导下办理营业执照与相关手续。同时，郭立柱也继承了郭家的诚实守信原则，如今"调味酱""熟虾酱"不用发酵，可以快速占据市场份额。他却不为所动，一如既往坚持手工、亲力亲为，从不掺假，方使"老味道"得以延续。

可能是味道有卤制的偏味，本地民间也将虾油、虾酱称为"卤虾油、卤虾酱"，而制作虾油虾酱则称为"糟虾酱""下虾酱"。时间一般是当年4月中旬，原材料为辽东湾"两合水"的野生乌虾，虾体饱满、质地结实且新鲜的为最佳。先用网筛筛去小鱼及杂物并洗净沥干。鲜虾装缸后，加虾体重量一定比例的食盐拌匀，约占缸体总容积的六成。用盐量要凭经验，气温高、原料鲜度好，适当多加盐，反之则少加盐。容器则采用缸口较宽、肚大底小的陶缸。将酱缸排放于露天场地，以便阳光曝晒发酵。经日晒夜露两天后，开始捣缸，每天早晚各搅拌一次，每次约一刻钟。为防止"闷缸"，酱缸需要加盖，将芦苇或竹子编制成斗笠状扣在缸口，起到防雨透气的作用。一个月后便只需每天早上搅动一次即可。鲜味主要来源于阳光和时间，捣缸次数愈

二界沟虾油虾酱制作技艺"捣缸"　夏建国　摄

多，阳光愈足，质量愈好。待缸内乌虾呈棕红色酱体，上浮一层金黄色清油时，发酵即告结束。可以装瓶食用。

至于味美的虾油，需要等到立秋后方可提炼。提炼过早，腥气较重而且容易变质。提炼虾油当地称"撇虾油"，需先除去缸面盐渍，把柳条篓外套加一层棉质网布，然后将柳条篓按入虾酱缸，其中的虾油会滤进篓内，再用勺子渐次舀起，直至无油可撇为止。刚撇出的虾油需要澄清半个月的时间，然后装瓶、密封、包装、销售。撇过虾油的虾酱会鲜味大减，甚至无味，取其精华也是虾油的珍贵之处。所以当地人会准备几口酱缸，虾油虾酱分别取之，保证各自的最佳味道。然而对内陆人来讲，却是各有所好，大体看来年轻人喜爱虾油，年龄长者偏爱虾酱。出自一物，皆是美味。

鉴于此技艺的群众性和代表性，盘锦市政府将"二界沟郭氏虾油虾酱"列入第四批非物质文化遗产保护名录。传承人郭立柱，男，汉族，1965年出生于辽宁省盘锦市二界沟镇，祖籍河北省滦南县，现为二界沟郭氏虾油虾酱制作技艺第五代传承人。少年时因受祖辈影响制作加工虾油虾酱，1987年继承祖业。依靠勤劳朴实的作风在多年的钻研探索下，完善传统加工工艺，产品色香味俱全，深受广大客户认可。他继承了祖传的虾油虾酱制作技艺后，通过不断的努力使得作坊日益扩大，具有了规模性的生产基地，产品推广至全国多个城市。

田庄台小吃 / 老胡家烧鸡制作技艺

　　"民以食为天"在人们心里是根深蒂固的。从"吃上饭"到"吃得饱"，再到"吃得好"的过程，也是历史演进的一个真实侧面。小吃往往不被人重视，一直顶着"难登大雅之堂"的称呼。但事实证明，小吃不小。挂幌戴匾的名店能在历史的洪流中延续，可称凤毛麟角。而小吃混迹于人群、大隐于市井，不管周遭喧嚣变化，每天烟火缭绕地过着日子，恰恰顽强地存续下来，以致人们听到田庄台小吃成为非物质文化遗产，会略为意外，但稍加咀嚼，大多释然了。

　　《田庄台事情》一书如是开篇："在世间难以计数的小城镇里，田庄台于史册留下了名字，且是以中文、英文和日文等多种语言的书写，迄今仍被尘封在各个国家的图书馆和档案馆里……田庄台被记录源于水运……"《田庄台事情》一书成书于2011年8月，那时盘锦非遗保护工作刚刚进入正轨，书中对田庄台小吃已经进行了详细的梳理。目前，田庄台镇共有"老胡家烧鸡制作技艺、刘家果子制作技艺、宝发祥月饼制作技艺"三项省级非遗，市级饮食类非遗12项，已然成为蜚声省内外的非遗小镇，10年时间印证了书中"在田庄台，为记忆而吃"的判断。

　　烧鸡因"寓意吉祥、口味上佳、食疗保健"等优势，在民间饮食文化中牢牢地占据着一席之地。盘锦地区的烧鸡技艺大多源于山东、河北等地，于本地孕育发展，形成自有的技术和品牌，其中以清真最为突出。

　　田庄台曾为辽宁的河海码头，独有的交通优势成就了烧鸡这一文化现象。主要原因有三：一是烧鸡工艺烦琐，单只制作成本过高，在市场需要的孕育下，渐渐形成商号并世代沿袭；二是价格便宜，相比牛、羊等肉类，鸡肉有着价格优势；三是便于食用。烧鸡能相对长时间存放且携带方便，非常

省级代表性传承人胡志雁参加展示活动　于兴军　摄

适合赶路、跑船等行业人群需求。另外，烧鸡品牌的形成离不开田庄台自有的人文环境，古镇人们懂吃、会吃的"贵族情怀"起到决定作用，年头好，不能忘了味道而恣意发展。年头不好，会不遗余力地维护家乡味道。就像母亲对待孩子，既要培养又要约束。

老胡家烧鸡又称"珍雁烧鸡"，是古镇田庄台闻名遐迩的传统小吃，系当地特色清真食品，形色俱佳，尤以松软爽口、浓淡适宜、鲜嫩幽香著称。它的独特之处是清真食品、宗族传承、历史悠久、口味醇正。老胡家烧鸡起源于1901年，百余年来，产销两旺，经久不衰，远近闻名。被评为"辽宁省老字号"，由田庄台清真寺管委会监制，此项手艺属于家族内部传承，迄今业已流传一个世纪。

胡家系回族，原籍河北沧州，属直隶青牛庄八旗界。据胡家家谱记载：胡喜在1901年举家迁至田庄台，有四子。长子胡国才生有殿文、殿武、殿斌三子，殿字辈均继承家传手艺，从事清真食品制作销售。一生从事勤行①，主营烧鸡、杠头、清真点心等。百余年间开枝散叶，逐渐在田庄台形成胡氏家族，而且大多以制作经营"嚼货儿"为主，其中，烧鸡较为出名，当地人冠以"胡烧鸡"的称呼，这里面有着双重意思，其中既有田庄台人对"勤行"的戏称，也有"独一份""最好的"褒奖之意。后经胡俊学、胡志雁、胡春松等几代人传承和发扬，"老胡家烧鸡"已是远近闻名，"胡烧鸡"这一称呼，一代一代人传递，一直叫到今天。

胡家烧鸡

老胡家烧鸡选用经检疫的优质活鸡，由回族刀师傅②念"太思米"然后屠宰。经过严格的生产加工工艺处理，采用家传百年老卤，佐以几十种名贵中草药，文火精制而成。老胡家烧鸡制作技艺以煮、熏为主，讲究"一汤八料""熏挂糖色"。一汤指的是循环使用的老汤；八料指的是"陈皮、肉桂、豆蔻、良姜、丁香、砂仁、草果和白芷"八种辅料。其成品形如雁卧餐盘，

---

① 勤行：旧时做饮食大多晚上制作，白天沿街叫卖。当地人把这一行业统称为勤行。

② 刀师傅：清真寺的阿訇、做礼拜的人，也称老师傅。

色、香、味、形、补俱全。制作生产坚持当天加工、当天销售的传统模式，至今仍坚持不用真空包装，保证味道。其中，排酸处理、辅料配伍属家族秘方，绝不外传。

老胡家烧鸡制作技艺于2015年被辽宁省政府列入第五批省级非物质文化遗产代表性项目名录。省级代表性传承人胡志雁，男，1959年出生，初中学历，老胡家烧鸡制作技艺第四代传承人。曾就职于政府部门，20世纪90年代初辞去公职，继承家族烧鸡事业。师承胡俊学，熏制烧鸡。他继承传统，在经营上打破家族封闭管理的约束，对饮食文化进行推广。先后被盘锦市人民政府授予"盘锦市先进个体工商业者"等称号。盘锦市第七届、第八届人大代表。胡志雁被辽宁省文化和旅游厅认定为省级非遗代表性传承人。现今，胡志雁谨遵"传子不传女、传长不传幼"的祖训，将手艺传给长子胡春松。胡春松为市级代表性传承人。

田庄台小吃 / 刘家果子制作技艺

《现代汉语词典》中，果子有"点心"之意，馃子则解释为"一种油炸的面制食品；方言。旧式点心的统称"。盘锦当地把集市上的糕点统称为"果子"，至于是"果"或"馃"，各说不一。果子大多以槽子糕、炉果、江米条等为主，本地旧时因物质匮乏，糕点果子就成为走亲访友的必备之物。有的人家为了防止小孩子偷吃，高高地吊在房梁上，等到过年才会打开食用。要是果匣子里装上老八件，那可是了不得的人情往来。世间的味道千千种，总有一抹能让人铭记。味蕾是有记忆的，除了味道本身，它会强化与之相关的环境、人和事的念想。这应该就是小吃的文化力量。

据《辽宁地域文化通览·盘锦卷》载："民国十九年（1930），田庄台镇计有商号五百零四家。"商业繁荣必然伴生着巨大的消费市场，值得一提的是，饮食方面，推门做生意的才叫商号。有一定影响力的商号在志书记录范畴，而走街串巷的"勤行"应该不在统计范围内。这一时期，刘家果子铺的创始人刘忠喜已在古镇上站稳了脚跟。

刘忠喜生于清光绪十八年（1892），原籍河南南阳。15岁时就在南阳一家糕点铺当长工，为人忠厚、勤快，被老板相中安排到"后院[①]"学做糕点。1910年，因为位于豫鄂陕三省交界的南阳匪患猖獗，难以聊生，刘忠喜就随家人闯关东，落脚在交通发达、经济繁荣的田庄台。不久后，开始在田庄台走街串巷卖自己制作的糕点，加入了勤行。盘锦地区冬季相对寒冷，需要高油高糖增补热量。他就根据当地口味需求，保持河南老八件样式固定、工艺繁杂的特征，对面油和馅料进行调整。一是调整形状。传统老八件有扁圆、

---

① 后院：旧时多采用前店后厂的经营模式，也就是前面是店，后院加工。

如意、桃、杏、腰子、花瓣、荷叶、卵圆等八种形状，刘忠喜保留人们喜闻乐见的荷叶、花瓣形状外，因地制宜地改成了帆船、风车、蝴蝶、青蛙、毛毛虫、牛舌等形状，用刻刀雕琢而成。图案新颖、刀工细致，使糕点外形变得更加美观。二是在熬糖上更加考究。熬出的糖浆入口即化，拌出的老八件馅柔软细腻、甜而不腻，而且储存时间长。改良后的清真老八件继承了河南面点的"血统"，又迎合了田庄台当地汉、满、回等民族口味，很快在市场上占据了一席之地，形成了自有的技艺体系。当然这个过程不可能一蹴而就，必然经过"试验——否定——再试验——再否定"的艰辛。田庄台没有辜负他，给他的回报就是一间临街的小土房，刘忠喜从"挑挑儿"的勤行转为"推门"做生意的果子铺，正式成为五百零四分之一，并在前面冠以"刘家"二字。

但好景不长。据《盘锦市商业志》载："1937年底，田庄台包括饮食业在内的商户，仅剩155户。"随着日本侵略者侵占田庄台，有的商户迁出古镇，有的关门歇业，有的改为分号观望，田庄台的商户数量锐减。在特殊的社会环境下，渐有起色的刘家果子铺也没能幸免。虽然勉强保住了一百五十五分之一的荣耀，但生意却举步维艰。坚持到1941年，因日伪当局将交易粮、油、盐、酒者视为经济犯，刘忠喜一家只好转行务农。那一年，他的儿子刘丕贤21岁。虽然不挑挑儿了，也不开门做生意了，刘忠喜仍坚持让儿子学做清真点心。1948年2月田庄台解放，商业复苏。此时的刘忠喜已积劳成疾，为了让这门手艺后继有人，就让时年29岁的儿子刘丕贤接着卖清真老八件。田庄台的老百姓勤劳聪慧，大多依靠手艺谋生，做糕点是糊口度日的最佳选择。到1956年，再次停业。

1964年，刘丕贤的儿子刘俊华18岁，子承父业时，他虽然没能从父亲手里接过糕点摊，却被当地政府分配到田庄台镇国营食品厂工作。厂里聚集了田庄台糕点制作的老手艺人。年纪轻轻就到国营厂上班，这在当时也是荣誉，推想定是沾了世袭家传的光。刘俊华踏实好学，勤快肯干，加上平时父亲的指点，几年间就把糕点制作学得炉火纯青，后来成为厂里的车间主任，一直干到20世纪80年代。刘俊华和妻子利用自家在田庄台街面的门市平房开起糕点铺。刘俊华除制售老五仁月饼、白皮、桃酥、炉果、芝麻饼等老式糕点外，主打品牌还是清真老八件，使用的是老方子，在食材采购方面优中

传承人刘俊华和儿媳姚秀君　张明　摄

选优，所以生意一直不错。

1993年，刘俊华的儿子刘成和妻子姚秀君入店开始制售糕点。妻子姚秀君为田庄台制糖世家"姚糖块儿"的孙女，在果子的馅料配伍上做了调整。两人在经营上有新理念，坚持手工制作，产品打上了包装，品牌化运营，并申报了市级非物质文化遗产。他们始终坚持"百姓放心"的老字号经营理念，严把食材进货渠道关卡，按照传统工艺生产。还摒弃家族传承的固有观念，带徒传艺，扩大生产经营规模，把果子铺做得扎实兴旺。很多食客不远百里驱车到田庄台，只为一品刘家果子味道。目前，已在盘锦境内开设多家分店，在商场设立专柜，生意红火。

百余年来，经历了刘忠喜、刘丕贤、刘俊华、刘成四代人的坚守和经营，刘家制售的清真老八件已是远近闻名。刘家果子铺先后获得辽宁金牌旅游小吃、2017年"辽宁礼物"、辽宁老字号等殊荣，2020年刘家果子制作技艺被省政府列入省级非物质文化遗产代表性项目保护名录。

田庄台小吃 / 宝发祥月饼制作技艺

《盘锦市志（经贸卷）》记载："境内糕点业的历史较长……农历八月，以生产月饼为大宗。"月饼属于节令性糕点，销售数量大，但旺销时间短。每年临近农历八月十五，夜幕下的田庄台就会传来密集的喤喤声。因月饼通过模子制作，想取出需将模子扣在台面，于是便会发出喤喤撞击声。多人赶制时，像极了鞭炮，提醒人们中秋节即将到来。这一时期，做糕点的勤行形

传承人胡春利参加展示活动　于兴军　摄

象地称为"赶台子"。月饼长期存放会影响口感，只能在中秋节前几天赶制，才能保证口味最佳。届时全家老少要齐上阵，因为田庄台的月饼不愁卖，能不能挣钱就看这几天，关键是能赶出来多少块。中秋节前的喤喤声在古镇世代传递，其中宝发祥最具代表性。

回族每到一地就会建立清真寺，并围寺而居，有"大分散、小聚居"的民族习俗。清光绪二十年（1894），现今清真寺在田庄台西南隅始建。不久河北暴发大水灾，民不聊生，胡家先祖胡喜于1901年从河北沧州举家闯关东，因田庄台清真寺已然兴盛，便落脚在回族聚集的田庄台，以做"嚼货儿"为生。胡殿斌系胡喜孙子，家里做好糕点，16岁的他就挎着篮子或挑着挑子串街叫卖。经过近40年的积累，于1939年在田庄台的老上岗地界支起了铺子，名号"宝发祥"，取"发达吉祥"之意。主营月饼、白皮。

1947年，胡殿斌的儿子胡俊阁娴熟掌握了家传手艺，已经可以独当一面，时年28岁的胡俊阁成为宝发祥的二掌柜。他对糖馅的创新使宝发祥月饼更上一个台阶，尤其是豆沙馅和枣泥馅月饼一经推出，便大受好评。宝发祥一直经营至1956年，因国家公私合营政策施行而闭店歇业。胡俊阁到田庄台食品厂工作，专职面点师。20世纪70年代末期，胡俊阁受盘山县统战部邀请，创办盘山县清真糕点厂，直到退休。退休后，胡俊阁曾和家人在盘山县东风市场制售月饼和元宵，销量一直很好。1989年，胡俊阁回到田庄台，带着儿子胡志宝、儿媳妇马相珍、孙女胡春利，在南大社区开办家庭作坊。胡俊阁和孙女胡春利在家中制作，胡志宝和媳妇马相珍到市场销售。2003年，胡家在田庄台市场附近买了门市楼，因大门朝西，取名"朝圣斋"。2015年，在多名非遗专家的建议下，重拾起家族字号"宝发祥"。2018年"宝发祥"被辽宁省商务厅认定为"辽宁老字号"。2020年"宝发祥月饼制作技艺"被辽宁省人民政府列入第六批省级非物质文化遗产代表性项目保护名录。

宝发祥月饼保持了纯手工制作的技艺流程，工序繁复，主要包括：备料、拌馅、和面、包馅、倒模、扫蛋液、烤制、包装、销售等。备料的重点工序为熬油和炒面。熬油就是把大豆油耐心熬熟，以此拌馅或和面；炒面即把面粉炒熟，以此调馅。这两步考验的是对火候的掌控，差一点儿都会影响味道。至于具体到什么火候，全凭制作者的经验。馅料中糖、花生、芝麻、瓜子仁、核桃仁、葡萄干等的配比与投放顺序皆来自祖上的规矩，动摇不得。拌馅讲究力度与手法，避免馅料出筋，影响月饼的松酥口感。包馅要做到馅大皮薄，裹皮匀称。将饼坯放入月饼模子，将其刻模定型，也叫"压模"。扫蛋液，手工将全蛋液充分打匀，扫在定型后的饼坯表面。最后入炉烤制，这一步尤为关键，通过温度将食材的香味激活并固化，具体火候的掌握标准不一，直接决定了月饼最终的口感和质量。

目前，胡春利（1974年生人）执掌宝发祥，仍延续田庄台"前店后厂"的经营模式，父亲胡志保年事已高，偶尔到店里帮忙销售。在四代人的经营下，宝发祥清真糕点品类丰富，坚持传统技艺手工制作，且价格公道。每逢重大节日，宝发祥便会异常忙碌，当然最忙的还是中秋节。随着传统文化的回归，加上百姓对老味道的偏爱，老式月饼仍是盘锦经久不衰的"大宗产品"。一个地区的大宗产品应具备几条要素，一是市场需求巨大，二是产品品质上乘，三是外部竞争力强，缺一不可，古今皆是如此。宝发祥月饼制作技艺本是求生求活的谋生手艺，经过几代人的传承，已经成为田庄台小吃文化的一处标杆。

田庄台小吃 / 凤桥老窖传统烧锅酒酿造技艺

　　烧锅，旧时指酿酒的作坊。《奉天通志》记："烧酒，自古烧春也，今呼高粱烧酒，又呼烧刀子。"辽宁的酒文化历史悠久，以烧锅酒最具代表性。诸多因素影响一个地区的酒文化发展，制酒原料、市场需求、地理交通、技术、政策干预等等，无一不发挥作用。田庄台镇则兼得以上因素之优势，镇上烧酒的辉煌保守估计，始于清咸丰十年（1860），也是营口开埠之时。众多公司、企业在营口涌现，带动周边地区"榨油、面粉、酿酒"等行业成为支柱产业，传统手工业逐渐向机器生产过渡。田庄台自然也不例外，一批烧锅作坊密集兴办，只是规模不一而已，大多系粮店、杂货铺的附属。20世纪20年代，营口设有专门的酒业经销公司，牛庄、田庄台的烧锅酒被集中收购，贴上"牛庄高粱烧酒"之名，随船运到上海、天津等巨埠分销，烧刀子开始行销全国。至少在20世纪70年代之前，130年时间里田庄台的烧酒是可圈可点的。值得庆幸的是，目前田庄台仍存两处烧锅投粮烧酒，向世人展示着古镇的睿智和顽强。凤桥酒厂就是其中之一。

　　凤桥老窖传统烧锅酒酿造技艺可追溯至清宣统元年（1909）。这一年，河北人张魁阁闯关东来到广宁县闾阳镇（今北镇市）。因为他曾在老家的烧酒作坊做过几年学徒，所以就在当地支起了一家烧锅。张魁阁头脑灵活，重视诚信，用好粮酿酒，他的酒很快在当地打响，生意红火。后因匪患猖獗，张魁阁于民国十六年（1927）举家迁到田庄台。当时正是烧锅酒产销两旺之季，张魁阁在田庄台支起烧锅酿酒，由于他坚持用好粮酿酒，注重酒曲的培养，尤其是定下了"酒三年出窖"的规矩。一经推向市场，赢得赞声一片。可好景不长，1940年6月，伪盘山县公署（田庄台于1937年从营口划归盘山县管辖）公布了《物价、物资统制法》规定："烟酒、粮食等均为统制品，民族商业不得自由贸易。"张魁阁只得封窖熄火，靠养牛羊和种地为生。1945年，张魁阁将重支烧锅任务交给儿子张信。张信迫于生计，在多个行当中兜兜转转。直到1979年，张信和儿子张凤桥恢复了烧酒的生产，自此张家的烧锅正式定名为"凤桥酒厂"。2004年，张凤桥的儿子张朝伟执掌凤桥酒厂。张朝伟时刻牢记"丢什么不能丢手艺，没什么不能没良心"的祖训，冷静看待勾兑酒的利润诱惑，始终坚持传统酿酒技艺，逐渐稳定了当地市场份额。用他的话讲："田庄台烧锅酒保卫战，取得初步胜利，嘿嘿。"2015年，凤桥老窖传统烧锅酒酿造技艺被列入盘锦市第四批市级非物质文化遗产名录。2018年，田庄台烧锅被辽宁省商务厅授予"辽宁老字号"称号。

从张家烧锅的简史可知，田庄台烧锅酒技艺不是一成不变的。诚然，世上本就没有一成不变的事和物，如何在千变万化中坚守住不变，才是真正的王道。关于传统酿酒，高粱、小麦、玉米等粮食皆可出酒，但"五粮"或"七粮"的配比需要变——什么节气什么环境决定了什么配比；原料粉碎是不变的，从石磨向粉碎机转变是历史发展的必然，但颗粒大小一般不会变，毕竟是人在控制机器；酒曲踩制、入池发酵大抵不会变化，一家一种方式，如若变化必然影响酒的味道；出池蒸酒前人总结了丰富的经验，口诀流传颇

烧锅装甑环节"见气压气，轻撒匀铺" 林松 摄

广，旨在规范蒸酒流程。但这一环节恰恰无法标准化，因为热源不是恒定的，需要酿酒师傅微调把控；存储的工具是不断变化的，木质酒海也好，陶制酒缸也好，白钢酒罐也罢，皆为存储。但存储的时间是不能变的，不同的年份决定不同的味道和价格。鉴于传统酿酒的复杂工艺，市文化行政部门认定凤桥酒厂从艺57年的袁树义和从艺45年的张春发两人为市级非物质文化遗产代表性传承人。有人说，传统酿酒有千般变化，但终究离不开金、木、水、火、土，细思确实如此。但烧酒的诸多变化皆源于手作，归根结底，人心不能变。

田庄台小吃 / 品葊蠡清真菜品

　　品葊蠡清真菜品是古镇田庄台颇具代表性的特色清真菜品，相关技艺为家族内部传承，可追溯到宛成贵（1903—1987）。宛成贵12岁就跟随父亲宛石明走街串巷"跑勤行"，迫于生计，在耳濡目染之下，迅速掌握了相关手艺。1917年，开始学习并参与回族经堂席制作。1945年初，与本地人马洪明合伙创办清真饺子馆。1952年重操旧业，挎篮沿街叫卖饺子、水饼等，价格公道，且味道考究，尤其是吆喝声先抑后扬，颇具气势。加上为人处世正派，非常受人尊重，在镇上逐渐创出了"宛三爷"的雅号。宛成贵一辈子从

清真菜品　宛丽　供图

面鱼和寿桃　张明　摄

事清真菜品制作，手艺也自然而然地传给了长子宛玉起。宛玉起文化水平高，头脑活络。仰仗着祖传的手艺，实现了从"勤行"向商号的转型，用他的话讲"有了个戳棍的地方"。1994年开办"星月斋清真饭店"，2005年创办"玉香龙清真饭店"。多年经营，积累了一定资金，于2011年从小平房搬到商业网点，定名为"品蒹鱻"。店铺选址关帝庙北面乐园街，每年关帝庙庙会举办，游人逛庙会，大都会就近就便来此吃饭，平时也是田庄台群众待客聚会的首选之处。

　　第四代传承人宛丽，系宛玉起女儿，负责经营。2016年，成立品蒹鱻餐饮有限公司，后来成功申报第二批辽宁老字号。传统菜品方面有"八碗两品"的美誉。一方面，继承了清真八大碗的精髓，炖菜仍是主打产品，食材均以新鲜的牛羊肉和海鲜为主，其菜品醇香味浓，甜咸酥烂，色深油重。炖肉肥而不腻，瘦而不柴，鲜而不膻，嫩而有味；另一方面，保留了"挎篮子"时期的家传产品。有专人烙制水饼，薄如纸张，劲道香滑。兼做大碱面食、锅烙、包子等。在百年传承的过程中，宛家的清真菜品在古镇创出了招牌，各类食材在师傅的精心料理之下，变成了一道道香飘四溢的美食，留住了老味道，守住了老手艺。

现今的品荸鱻仍固守着家族经营模式，店里大多数成员均是亲戚关系，互相帮衬，到年底统一分红。如果说"前店后厂"是面上的传统模式，那么家族经营则是背后的传统。严守祖上的规矩，这种利益共享、风险共担的家族经营，要顾及诸多因素，实施起来略显狭隘且发展缓慢。在经济高速发展的现今，必然显得格格不入。事实证明，以家族发展为责任，恰恰成就了宛家。这份执拗又何尝不是大道至简的体现？2015年，品荸鱻清真菜品制作技艺被市政府列入非物质文化遗产代表性项目名录。2018年，被省商务厅公布为辽宁老字号。

田庄台小吃 / 王把粘食制作技艺

自明代起，田庄台水陆畅通，各类文化沿水道陆路聚集于此，在小镇相互影响渗透，久而久之形成独特的地域文化，有着"八庙一寺、五教并存"的人文特色。其中的"一寺、一教"就是清真寺和伊斯兰教。清真寺对面有几条胡同，是盘锦市回族居民主要聚居之处。众所周知，回族偏爱黏食。田庄台每天都有黏食售卖，其中以切糕最为典型，已成为小镇人们的生活必需品，偏爱程度没有了民族之分。

凉糕　王秀荣　供图

盘锦境内沿河沿海之处，人们对"把头"二字有着自己的理解。除渔把头外，渔家号子领号之人称"号头"，水产加工技术主管称"作把儿"，还有捻匠头、木匠头，等等。如果在某个行业能得到"把"或"头"的称呼，说明此人在这个行业已经做到了极致，起码周边群众是这样认为的。在田庄台有很多家做黏食，比较知名的有：王把粘食、栾切糕、哈豆包、刘切糕等等。这些名字起源少则50年，多则百余年。王把粘食创名于黏食匠人王凤林，区别于古镇"姓氏+商品"的起名方式，王把粘食多了一个把字，足见其影响力。

王把粘食属家族内部传承，可溯源至王仁。王仁原住锡埒图库伦札萨克达喇嘛旗（今内蒙古通辽市库伦旗），每逢集市便"挎篮子"到库伦镇做小吃生意。王仁之子王庆云很早就掌握相关制作技艺，长大后继承父业，后到营口以走街串巷贩卖切糕为生。后几经辗转，1920年到田庄台镇成家立业。王庆云安顿之后和弟弟合伙儿做生意，主要是做黏食、烙馅饼、烤火

切糕　王秀荣　供图

勺，冬天也蘸糖堆儿，也就是做糖葫芦。切糕需要凌晨早起，在家里蒸好，天没亮挑挑子赶到早市售卖。馅饼、火勺、糖堆儿等则需要推车，走街串巷吆喝售卖。据当地老人回忆："当时为木质手推车，上面放有亮匣（玻璃制成的罩子），干净立整儿。"王庆云育有二子五女。次子王凤林（1935年生），最早在田庄台车队上班，企业解体后，拾捡起家传的切糕手艺，承袭走街串巷的传统，制售切糕。王凤林继承了父亲的黏食、熬糖、做馅等手艺，尤以切糕见长。因切糕品质味道上乘，在众多黏食行当中脱颖而出，被人尊称为"王把粘食"。

1988年，因二女儿王秀荣婚后生活困难，王凤林将黏食手艺传给了王秀荣。21世纪初，王凤林退休。王秀荣（1965年生）与丈夫共同执掌王把粘食，依旧是每天凌晨早起，到田庄台早市赶集，经营切糕生意。儿子儿媳一家四口一起制售切糕。制作工艺没有任何突破式改进，锅还是那口锅，食材要好于旧时候，但现今的销售已无需披星戴月、顶风冒雪，在家就可以完成。因为产品品质早就通过了古镇人民的检验，销售模式自动升级。用现代的词来解释就是需要定制。

在几代人的经营下，王把粘食制作技艺在家族内部传承有序，相关制品渐成体系。碍于纯手工制作及家族传承的制约，每日产量有限。有人劝他们规模化生产，传承人王秀荣经常把"不求大富大贵，够吃够用就行"挂在嘴边。也许正是这份面对诱惑的淡然，才使得王把粘食历经百年传承至今。2018年，被辽宁省商务厅公布为辽宁老字号。

田庄台小吃 / 正兴合元宵、油茶制作技艺

辽河静静流淌，逶迤于盘锦市与营口市之间，以河道为界区划出两个不同的行政地区。人们称之为界河，然而就文化而言，一河两岸本就是同一自然区域。在同一环境下，孕育的文化必然有相通相融之处。现今看来，正兴合糕点能在田庄台小吃中有着一席之地，印证了传统小吃顽强的迁徙能力。

正兴合创始人回凤林，原籍河北沧州，清光绪年间，回凤林举家闯关东，落脚在营口，为了生计制作清真糕点。1900年，回凤林的手艺被营口一大户看好，大户人家入钱股，回凤林入人股，合伙创办"正兴合糕点铺"，一度成为周边的名牌。然而正兴合的辉煌却是昙花一现，因大户的撤资而关门歇业。失业后的回凤林为了全家生计，又开了间小铺子，规模定然大不如前，被称为"回家小铺"。因手艺没变，加上价格公道，迅速被百姓认可。1941年，儿子回庆祥举家投奔田庄台，靠偷摸做水磨元宵等糕点勉强糊口，他也是第一个把水磨元宵带到田庄台的人。1945年，正式歇业。从正兴合创始，经历了回凤林、回庆祥、回树发三代传承。招牌不在，但正兴合已成为三代人的荣耀和念想。

20世纪80年代初期，回树发与人合作在盘山县城（今双台子区）开办回民糕点厂，后到盘山县东风市场摆摊售卖清真糕点。1988年，白城军高中毕业，师从二舅回树发学习清真糕点制作手艺。7年后出徒，开始和妻子在田庄台专门做糕点生意。2003年，当打下经济基础后，就在田庄台购置门市房。几经努力，终于恢复了"正兴合"这一老字号。2008年，白城军又把这门手艺传给大儿子白晨。正兴合的跌宕起伏是一个时代的缩影，涉及营口、田庄台、双台子多个地区。正兴合只是一块招牌，却承载着曾经的辉煌。想来，手艺人心中都有着一份执念，那就是对荣耀的守护。

正兴合元宵　白晨　供图

　　正兴合有两种代表性产品，分别是水磨元宵和铁锅油茶。水磨元宵，顾名思义，侧重糯米面的制作。具体技艺为："制作前要把盘锦地产糯米泡在清水中，直泡到需用的程度。之后捞出沥干，待糯米水分低于一定程度后，用石磨磨出糯水面。"然而以上两个"程度"，均受季节、湿度、温度等因素影响，完全凭经验判断，不好用具体标准来表述。在多数人看来，非遗有很多神秘之处，其实并不神秘。每年手工制作十余吨的元宵，周而复始，经验自然而然堆积而成，进而在自己的领域内形成了判断标准。铁锅油茶，也称油茶面，盘锦地区较为著名的小吃。其制作技艺并不复杂，将面粉小火炒熟，再辅以白糖、芝麻、花生仁、油等辅料即可。世人皆好美味，却不知美味背后的艰辛。这一技艺需要有耐心，同时要无视炒油茶时的烟熏粉呛。旧时，油茶面多是自家女主人炒制，在冬季才会出现的美味。因其制作相对烦琐，加上炒制时粉尘较大，才逐渐退出家庭，被商品所替代。在物资丰富的

油茶 白晨 供图

当下，很多上年纪的人喜欢油茶面，想来是缘于对家庭的回忆。当然这个"上年纪"，保守估计也在45岁以上。

正兴合多次被省市级媒体报道，并得到专家、学者的认可、好评。2017年，相关技艺被市政府列入市级非物质文化遗产代表性项目名录。2019年，相关产品被辽宁省商务厅评定为"辽宁礼物"。2020年，正兴合获评辽宁老字号。

田庄台小吃 / 田庄台席

　　因习俗或社交礼仪需要而举行的宴饮聚会，称之为宴会。宴会上的一整套菜肴和台面则称为筵席，也称酒席。筵席这一称呼可见《礼记·乐记》，筵席原指铺地借坐的垫子，筵长席短，筵铺于下，席加在上面。演变至今，全国各地称呼不一，田庄台则干净利落地简称为"席"。在当地看来，办席可是大事，这不仅是主人脸面上的事，也体现了田庄台人的处世哲学，更折射出与之相关的人情百态。

席面菜　郭丽娜　供图

关于田庄台镇的起源，当地流传有"先有药王庙，后有田庄台"的民谣，崇兴寺（俗称药王庙）坐落于镇西药王庙村，现存碑志提及"寺之始建年代不可考察，明隆庆万历时有刘普道父子重修之"。可喜的是，文化部门在境内发现《刘姓家谱》，记载了700多年前刘姓先人曾在田庄台居住。田庄台是曾经的贵族，虽然现在略显落寞，但对饮食的挑剔和讲究却没消减，如血脉中自带的基因一样，有着很强的田庄台标签。这种可爱的人文环境，造就了当地的饮食习惯和民风乡俗。最能体现贵族气的饮食，当数筵席。田庄台筵席的历史沿革与古镇演进必然是同步的，因为有人就有人情世故，自然会有宴请集会。

田庄台民间的筵席大抵可经历几个阶段，一是农耕文明特征的筵席。围绕渔猎耕作等农事生产，形成粗放的宴会习惯。这一阶段时间较长，具体特征也会随着社会变革而调整；二是商业文明为主导的筵席，清中期辽河河运繁盛，田庄台的商业快速取代了农业。筵席自然变得精致讲究；三是融合风格的筵席。清朝末期，商业逐渐式微，加之回族、朝鲜族等民族的融入，精致的同时融入了其他民族饮食特征。这一时期也是现今田庄台席的雏形。

根据市级非遗代表性传承人郭宏斌口述：郭氏祖辈为厨师。曾祖父郭文有厨艺高超，经常被办红白喜事的乡邻请去当"耍大棚的"，即做宴席的厨师。田庄台人重礼仪、好面子，红白喜事要办得体面热闹。但一家之力毕竟有限，单是锅碗瓢盆等都要向邻里借用，更何况席棚、灶棚等物件。他发现了商机，成批购置餐具，自备厨具，为东家省去了筹备麻烦。加上他在天津卫经营饭店的技艺，很快被大众认可。祖父郭纯英，生于清光绪二十年（1894），受父亲影响，20岁时开始上灶。田庄台席从12个发展到16个菜品。包括扒鸡、香酥鸭块、浇汁鲤鱼、水晶肘子等9道碟装菜，还有红烧肉、四喜丸子等6个碗装菜，加上1道碟装点心，人称"十碟六碗"。当然，办事情的人家可以调整菜品或减少数量，比如"四碟四碗""六碟六碗"等，用于不同的礼俗。生意红火到1945年，田庄台席在群众中很少举办。郭宏斌（1953年出生）于20世纪70年代拜师田庄台著名厨师赵允勤，学习相关技艺。80年代初参加辽菜培训班，受教于辽菜泰斗刘敬贤先生。出徒后以办席为业，这一时期也是他提升最快的时候。主要原因是田庄台国营的南北食堂、回民饭店相继关门歇业，一些老厨师转行做席面菜。郭宏斌肯吃苦、爱研究，经常参与田庄台各类民间筵席制作。因为汉族、回族筵席风格不同，偶尔还会有全素席，标准自然不一样。忙乎一天后，他晚上就去找老厨师聊天，有不懂的就问。诚然，在实践中学习，提高必然飞快。1992年，郭宏斌创办郭家饭店。办席的形式已然发生改变，可以根据东家意愿，在饭店或他们指定的地点办席。2012年退休，女儿郭丽娜接管饭店，女婿兼徒弟付彪传承厨艺。

如今的郭宏斌很少"耍大棚子"了，也很少去饭店的后厨。原因是，他一到后厨，就算不说话，大家都非常紧张。刀具摆放的角度、食材选取的位置、调料投放的先后、炒菜火候的大小，等等，哪怕一处含糊了，都会惹来训斥。用郭宏斌的话讲——这是规矩，容不得差错。

田庄台小吃 / 老于头手包饺

　　饺子是盘锦地区最具代表性的美食，但凡成为一个地区标志性的美食，决不只是因为味道，其必然承载着不可或缺的文化，牵扯着难以割舍的风俗。可能是饺子太过普通，很多人都忽视了它的文化情结。约定俗成的有除夕夜守岁要吃"午夜黑"饺子、初五可吃"破五"饺子、二月二龙抬头的龙蛋饺子、夏至吃饺子、头伏要吃饺子、冬至要吃饺子，等等，在本地人看来，不吃饺子就像没过节一样。家庭小聚，一家人分工明确地包饺子，在水汽氤氲之中，边做边聊家常，成就了最有仪式感的家宴。春节期间，女主人一次做几盖帘饺子冻起来，亲戚朋友来串门，熥饺子方便又不失礼数。游子回家，总会有一顿饺子在等着他或她。一盘饺子，可以数出人们对自然变化的熟知、

市级代表性传承人于占波手包饺　于强　供图

呵护情感的方式、待人接物的态度，这恰恰是饺子所蕴含的文化力量。

于家原籍登州府蓬莱县，清道光二十二年（1842），于宽挑着"八股绳"，举家迁至田庄台，靠做饺子沿街叫卖为生。时年，田庄台河运已然兴起，各地的货物汇集于此，大有"吞吐东西、集散南北"之势。码头的小杠和船夫、内地的车老板、坐贾行商各色人等，均需要吃饭。有钱的人可以到挂幌的饭店吃饭，但毕竟是少数。没钱的也要吃饭，这就催生出挎篮子叫卖的流动商贩。当然篮子里的"嚼货儿"大多价格低廉，仅供果腹而已，其中以饺子、水饼、黏食等最为典型。据当地吴姓老人口述，繁盛时的辽河航道，在岸边等货的船只一艘挨着一艘，卖小吃的人挎着篮子在船上叫卖，根本不用上岸，这一溜船卖下来，就得大

老于头手包饺　于强　供图

半天时间。今天看来，挎篮子这一习惯在田庄台定然沿袭了很久。就于家来说，就经历了于宽、于长发、于万春三代人，他们看过了辽河帆影重重，也经历了周边乡镇的走街串巷，在冲破云霄的吆喝声中创出了名声。

到于占波这一代，于家饺子被迫从行商变成坐贾。1993年，于占波所在的国营单位不景气，只得重拾祖业，创办"老于头手包饺"店铺。他承袭了"老老实实做人、诚诚恳恳做生意"的祖训，一干就是30年。在田庄台做饺子的店铺很多，但单一制作饺子的仅此一家。田庄台人懂吃、会吃，在近乎挑剔的群众监督下，单靠祖上的口碑和配方定然行不通，毕竟大众的口味也在变化，能够在田庄台持续经营至今，已然说明饺子的品质。

2017年，老于头手包饺相关技艺被市政府列入市级非物质文化遗产代表性项目名录。人们的目光再次聚焦这个小店，有人想携资金入股，有人想加盟连锁，当然也有人出高价购买配方。面对诸般诱惑，"老于头"表现出田庄台人的睿智。每天不急不躁地包着饺子，保证固定产量，保证味道和品质，不为暴利所动。这也许就是古镇的底蕴——看过世间繁华，愈显淡定从容。

田庄台小吃 / 老魏家葱花饼、盒糕制作技艺

食物不只是果腹。受制于气候等因素影响，历史上的盘锦无法大规模种植水稻，人们的主食以面食为主。因民众生活条件艰苦，把吃饱排在首位。葱花饼就是人们最钟爱的食物。饼入腹后，遇水会膨胀，饱腹感较强，本地也称"抗饿"。再有葱花、盐、油等佐助，自然受欢迎。在特定时期，葱花饼是普通民众口中的奢侈品，最主要原因是费油。只是现今物质极大丰富，饼成为随手可得的面食，人们忽略了它在历史上发挥的作用。

老魏家葱花饼、盒糕制作技艺承载了民众的饮食文化，投射出田庄台半个世纪的生活状态，亦是很多人的乡愁。魏家原籍河北省津海道文安县，民国三十六年（1947），魏亭香举家闯关东来到田庄台。1948年初，开始挎筐走街串巷地卖小吃。他制作的品种主要有葱花饼、五香饼和火勺。做葱花饼时会用一种特制的油酥，饼皮酥内软，葱香浓郁、层次分明，很受田庄台人欢迎。儿子魏万全支起摊子，继续以此业为生，1958年歇业。20世纪80年代，因家里养育7个儿女，魏万全的妻子杨素珍为补贴家用，在家做好葱花饼，到田庄台东方红小学（今田庄台学校）等处销售。"老味道"一经推出，受到当地人的喜爱。盒糕则源于1960年，时年全国各地遭受严重自然灾害，田庄台也不例外。在饥饿状态下，人们偷偷食用造纸厂的纸浆。当时田庄台镇设有回民食堂，食堂老师傅都是业内的顶尖人物。有老师傅知道后，将纸浆和面糊进行发酵，因为原料近乎液态，不方便制作，便取铁盒打掉底部，将糊倒进盒中，在饼铛上两面烙制。成品味道微酸，口感筋道，解决了很多人的吃饭问题。70年代后期，逐渐退出历史。随着时间推移，盒糕的味道非但没有消减，反而愈加浓郁。因为那是救命的味道，自然让人刻骨铭心。

市级代表性传承人魏子军　魏子军　供图

　　2005年，杨素珍最小的儿子魏子军接过了饼摊，主打的还是葱花饼。2007年，以"魏家大饼"为名号正式设立商号。魏子军，1970年生人，做过很多职业。兜兜转转，一直痴迷于田庄台的老味道。创业伊始，他经过挖掘研究，恢复了田庄台盒糕。当然，盒糕的配料不可能再用纸浆，而是替换成盘锦地产的大米。将大米用清水浸泡，再磨成面，然后发酵。改进后的盒糕无疑更符合现今的健康理念，加上价格亲民，成品一经推出，大受欢迎。此后数年间，盘锦多个市场都有了盒糕制售，悄然成为新的特色小吃品牌。

　　科技文明高速发展，配方已不是面点制作的核心竞争力，大家比的是良心、吃苦、责任感。以上几条，魏家大饼可能不是特别突出，但却是兼得，这种平衡契合了传统文化的中庸之道。想来，这也是田庄台众多小吃的一个缩影。因为良心决定了能不能站得住，吃苦决定了能不能走下去，社会责任感则决定了能走多远，三者缺一不可。

田庄台小吃 / 孙家扣肉

在田庄台，扣肉是汉族办席必上的一道菜。历史上如此，现今依然。

孙家扣肉创始人孙兆林，生于清光绪十一年（1885），原籍登州府。16岁时曾在奉天（今沈阳）学厨，22岁掌勺吃劳金（领工资），23岁时到二界沟一家饭馆任主厨。时年，正值日俄战争结束第三年，渤海辽东湾海洋资源丰饶，吸引奉天、营口等地商人在二界沟开设网铺，捕捞制作海米、虾皮等海产品，然后通过田庄台、双台子两处从水路运往各地。巨大的利益敦促着二界沟经济快速复苏。孙兆林推出自己研发的特色扣肉，并在二界沟一炮打响。1910年，孙兆林回到老家田庄台挂幌营业，字号"老孙家扣肉"。经营

孙世武制作现场　孙世武　供图

十多年后，因时局动荡，被迫歇业。扣肉这门手艺传给了儿子孙广明。1951年，孙广明参军参加抗美援朝战争，在团部炊事班工作，扣肉成为战友们的最爱。1971年，国家成立中国水稻考察团，指导非洲马里共和国种植水稻，在盘锦地区遴选技术员和炊事员各一人，炊事员便是孙广明，此举也将田庄台的扣肉带出了国门。1985年，孙广明从田庄台镇机关食堂退休。带着儿子，开办"广明饭店"，主打自然是扣肉。1993年，孙家老四孙世武执掌饭店，按照规矩①将"广明饭店"更名为"老四小吃"。积累一定资本后，先后开办迎宾楼饭店、长城大酒店，后因生意不顺回到田庄台。随着各级政府对田庄台小吃的重视，已然放弃扣肉的孙世武又重燃炉火，利用祖屋开门营业，字号重启"老孙家扣肉"。

孙家扣肉秘方在于调料的配置和使用，这是家传的法宝，必不能外传。首先是选材，专选猪肉的下五花肉，这样的五花肉口感瘦而不柴，香而不腻，肥瘦相间，瘦肉紧致。制作工艺相对烦琐，把选购好的下五花肉刮去皮面杂物，用流水冲净，切成长约20厘米、宽约10厘米的肉块。然后放入铁锅中煮，开水下锅，煮至8分熟时捞出、沥尽水分。将肉块放入油锅中炸，待炸至金黄色时捞出。把炸好的肉块切成0.2—0.3厘米的片，皮面朝下码入碗中，接着加入各种调料和配料。放入蒸屉中，放在大铁锅中蒸两个小时，扣肉方成。经过总结，如果把猪五花肉重量设定为一，通过冲洗、油炸、蒸三道程序，成品扣肉仅剩下七分之四的重量，其他的水和油均被滗沥出去。

在田庄台百年历史中，扣肉出现很多，皆是名噪一时，很难区分伯仲，以至于当地人不再以姓氏命名，而称为"木梳背扣肉"。要求在一扣一转之后，扣肉要像木梳一样美观齐整。这一标准显然过于挑剔，老孙家扣肉恰恰是标准的"起草者"。靠着扣肉，多个店名皆是"一招鲜吃遍天"，最终回归老孙家，完成了世代传承，其中必然糅杂着孙家人的自信和荣耀。这恰恰是传承的核心所在，小吃传承，传承的不只是技艺，还有情怀。

---

① 境内一部分商户起名，多以经营者名字命名，以示诚信。

田庄台小吃 / 田庄台馅饼制作技艺

透过历史的帷幕可以窥见，回族人民有着极强的经商基因，他们视经商为崇高事业，以经商为荣，以致博得"回商"的美誉。

田庄台镇系盘锦市回民最大的聚集地，也是回民最早的迁入地。《盘锦市志（综合卷）》记载："1838年（清道光十八年）有原籍直隶青县马家桥的回民马氏从义县迁到田庄台居住，1854年、1858年（清咸丰年间），回、戴、杨三姓从直隶迁入。中英《天津条约》签订后，牛庄为通商口岸，田庄台为水陆码头，关内回民来田庄台经商者增多，也有部分回族人从事体力劳动。"1850年，田庄台的回商甚至惊动了紫禁城的道光皇帝。《清道光朝实录》庚戌年记："田庄台、没沟营两处有回民垄断网利，啸聚械斗。"时年，田庄台与没沟营口岸（今营口）仍归海城管辖，辽河航运的巨大利益吸引各地回商来此逐利争益。码头本是利来利往之处，随着营口开埠，田庄台商家大多向营口转移，想来回商也不例外。但是回民在田庄台已经站稳了脚跟，"1854年清真寺始建"说明这一群体聚落已经形成。时至民国，回民仍以经商为主，普遍以俗称"勤行"的饮食业为生。王庆云就是其中之一。

要说馅饼，辽河沿岸以牛庄馅饼较为出名。与挂幌子经营不同，田庄台馅饼原属民族特色小吃。对于当地的回族来说，更多的是家的回忆。家里制作没有配方的约束，味道更显随意。当馅饼尝试了牛肉与海鲜组合之后，味道反而被牢记并固化下来。

王庆云出生于锡埒图库伦札萨克达喇嘛旗（今内蒙古通辽市库伦旗），后随父亲王仁到营口闯荡，几经辗转后，1920年在田庄台镇成家立业。王庆云走街串巷做买卖，早起做切糕赶集贩卖，白天则推车架小铁炉，现场制售馅饼和小火勺，秋冬还会做糖堆儿即糖葫芦。王庆云育有二子五女。次子王凤林继承了父亲的切糕手艺，争得"王把粘食"的外号。长媳胡志芹却对馅饼情有独钟，将王庆云的手艺继承下来，时常烙馅饼给孩子们吃。胡志芹的女儿王文秋，1967年出生于田庄台，馅饼成了她儿时最难忘的味道。

田庄台馅饼制作　王文秋　供图

历史上，馅饼不是田庄台小吃的主打产品。主要原因是受制于市场需要，忙碌在码头的脚夫、小杠、船夫是小吃的主要受众，"价格低廉、便于携带、方便快捷"才能有销量，这三点馅饼都有欠缺。1998年，王文秋从田庄台土产公司下岗，自谋职业。她在下岗当晚便决定：拣起爷爷的老本行——烙馅饼。租门市房、购置设备，很快"文秋馅饼"饭店挂牌，正式起火开张。时为田庄台第一家馅饼店，把"谁家都会做"的馅饼作为主打商品，足见她的信心。

田庄台馅饼味道源于馅料。首先是熬汤，也称高汤。用牛棒骨小火熬制，取其骨髓的鲜美。清真馅饼与羊汤成为最佳配置，原因就在于高汤。牛骨高汤是馅饼的核心所在，也是羊汤的味道核心。其次是和面与馅料，用30℃的温水和面，揉匀后醒发一个半小时，保证面皮的柔软与筋性。馅料选牛肉中上好的肋条肉，将佐料拌入，同时注入高汤，一个方向顺势搅馅，要求个中味道充分融合，馅料黏稠并有弹性，至于肉菜与文蛤等其他辅料的配合，属项目保密技艺，就此略过。最后烙饼，这一步要求包馅与烙饼快速衔接，且一气呵成。包馅饼馅料略多于面剂子，保证"馅大皮薄"。包成包子状，在饼铛上按扁成正圆形。成品馅饼达到色泽金黄，外脆里嫩，鲜香多汁。

20多年来，"文秋馅饼"一直由夫妻经营，不曾聘雇大厨，系典型的夫妻店。随着生意的火爆，丈夫白铁军开始掌勺，没有拜过师傅的白铁军，硬是将回族的家常菜肴做成菜品，同样非常卖座。夫妻俩买菜、备料、制作、待客，妇唱夫随，其乐融融。有很多熟客会绕道田庄台，专程到店里品尝馅饼，与其说是鲜美的馅饼吸引人，倒不如说是家的味道更打动人。几年前，"文秋馅饼"正式更名为"田庄台馅饼"，从人名向地名的转变，无异于"开宗立派"。初看是对自家产品的自信使然，然而让家常的馅饼变成一张地域名片，展现了回商的社会责任和担当。也许在不久的将来，田庄台与馅饼之间会加出多家名号，这对于田庄台乃至盘锦，又何尝不是一件幸事？

田庄台小吃 / 三合居清真熏酱技艺

　　码头本就是聚散之处，在利益的驱动下，人们时而祥和乐业，时而纷乱喧闹，并一直乐此不疲。辽河航运从兴盛到没落，让码头从熙熙攘攘逐渐归于平静，反而加重了田庄台的深邃与通透。人们对事物的判断及决策展现出田庄台式的睿智，这也是底蕴。

　　三合居最初为饭店名称，杨姓、刘姓、胡姓三位回民原是航运装卸公司员工。在码头这一行当初称为"小扛儿"，成立国营企业后规范为装卸工，以搬运装卸码头货物为职业。随着田庄台商业没落，加上他们年龄渐大，老哥仨一商量率先转行。凭借回族人"做吃的"的天赋，开了田庄台第一家民

三合居羊腿　杨闻　供图

营饭店，定名三合居。这一举动也完成从力工向业主的转型。1985年，田庄台沉浸在改革开放的春风中，一批轻工企业迅速成长起来，经济向好。加上田庄台人讲究排面，这一时期红白喜事已经由"耍大棚"开始向饭店办席转变，办席也成了三合居的主要业务。当地办席，烧鸡、牛肉肠等熏酱食品为必点之菜，经营之初只能从外边购买。杨志国（1934年出生）的祖父杨玉占曾是做烧鸡的勤行，他凭着儿时记忆尝试自己熏酱。他算好时间，在办席当天清晨下锅制作，这边最后一道工序熏糖色出锅，那边就热乎乎地上桌开席。时间不长，形成了牛排、锅包肉、烧鸡的招牌菜。在哥仨的经营下，田庄台首家民营饭店迎来意想不到的红火。两年后，老哥仨分别挑门立户经营三家饭店，在传统商贸文化中也称连庄。由杨志国继续主灶经营三合居，儿子杨立君等人配合，负责采买、待客等一应事项。一直经营到2008年，杨志国已经74岁，唯一的孙女杨闻不愿意留守田庄台，只身外出闯荡。杨志国眼睁睁着一身手艺无人继承，心灰意冷之下选择熄火歇业，宣布退休。杨闻在外闯荡5年，父母身体不好，加上爷爷年事已高，偌大个家都需要照顾，2013年她选择回归田庄台。见过世面不能当饭吃，毕竟要生活，总得有谋生的手段。思量再三，决定拾捡起爷爷清真熏酱的手艺。对此杨志国是不屑一顾的，他认为以他在田庄台餐饮界的地位，单做这个有点丢份儿。但难得孙女坚决，只能选择支持。三合居朝气蓬勃地挂起招牌，熏酱食品一经推出，便受到田庄台百姓的认可。其中既有产品味道的作用，也有民众回忆的作用，毕竟三合居的名号影响了当地两代人。然而，当有人问到杨志国对产品的意见，他言简意赅：就算凑合吧！想来，这其中糅杂了对孙女的认可、对味道的严格、对三合居的期盼。

三合居清真熏酱技艺可考到清宣统二年（1910），系家族内部传承，其选料严格、制作精细，有着较强的味道辨识度。技艺可分为选材、配料、清洗、酱炖、熏制几个程序。将食材用清水清洗，然后浸泡排酸。将处理过的食材用清水煮开，转入卤汁锅炖熟，再用文火焖半小时。铁锅烧热，将白砂糖撒入锅内，再将酱卤好的成品入锅码放，盖上锅盖熏制上色，包装销售。

在历史传承过程中，三合居熏酱制品与古镇田庄台民俗活动结合紧密，具有典型的区域少数民族文化价值。2020年，相关技艺被市政府列入市级非物质文化遗产代表性项目名录。

酿造 / 盘锦永顺泉白酒传统酿造工艺

　　双台子原为河边的一个小渔村，逐渐形成内河码头。双台子这一名头系"使船的"所赐，因远远看去有两座烽火台，故称这处码头为"双台子"。关于盘锦市双台子区，有个年头必须要郑重提及。贴城而过的大河几经易名，2011年被辽宁省政府更名为辽河。同年，盘山酒业有限责任公司被商务部正式认定为第二批"中华老字号"，也是当时盘锦唯一入选。也是这一年，盘锦永顺泉白酒传统酿造工艺被列入市级非物质文化遗产保护名录。酿酒技艺与老字号相扶数百年，在当地赓续发展，恰如一根缆绳，牵引着老字号跌宕起伏于大河右岸，已经成为双台子区最具辨识度的那缕乡愁。

　　因双台子区拥有内河码头、驿路等交通优势，商贸繁荣已久。清末期与田庄台一起，并称为盘锦地区的两大商业圈。不同的是，当时的双台子已经承担了县级行政职能，因为盘山县城坐落于此。清咸丰二十一年（1861），辽河泛滥冲宽双台子河，从此航运发达，双台子渐成商旅云集的重镇。清光绪二十六年（1900）沟营铁路（沟帮子至营口河北）建成，商业更趋繁荣。清光绪三十二年（1906）设立盘山厅，并将厅治迁至双台子。至此，双台子兼具"城"与"市"的双重功能，成为当地政治经济文化中心。现今的双台子区有一条路名曰"繁荣路"，能以繁荣冠名，可见其商业地位。繁荣路北起光明街，南到防洪国堤。历史上由北大街、南大街组成，贯穿盘山老县城，向南直通双台子河（旧称减河，现为辽河）码头。两侧商贸兴盛、百业俱兴，曾串联老轻工市场、东风集贸市场、医药公司以及河边的牲口市，可谓鼎盛一时。随着城市变迁，繁荣路北段依旧繁荣，只是南大街已略显落寞。盘锦唯一的中华老字号就坐落于此。

　　据《盘锦市志·综合卷》记载："汉朝官府设有官田，移民垦殖，以后

老商标　张明　摄

历代多行戍边屯田，屯田士兵多达数千人。"垦殖地以种植小麦、高粱的旱田地居多。当红高粱与辽河水摆在眼前，再加上内河码头上的商业氛围，烧锅酿酒成了最佳的选择。中华人民共和国成立之前，永顺泉已经是盘山县城的"四大商号"之一。永顺泉有两位股东：一是段顺天，二是石永山。段顺天于康熙九年（1670）由山西太谷县移民至此，在减河边挑儿卖杂货。康熙十五年（1676），石永山由直隶迁来双台子，与段顺天相识，并结为金兰之交。

段、石二人合资，于减河码头支起了一个杂货摊，苦心经营几年后小有积蓄，就又买下了一座河畔小屋（现盘山酒厂南），开始酿酒、杂货买卖，取两人名字中的一个字，立号为"永顺泉"。因价格公道、童叟无欺，生意越做越好，逐渐购置田地，增加粮油等经营项目。后来，段、石两家后代分开经营，石姓去盘山县河南落户，世代发展农业；段姓则代代经营着"永顺泉"，并保留着原有的经营风格。与很多老字号一样，随着历史的演进，招牌也是换了几轮。先后称为"盘山县裕兴制酒厂""盘山县油米酒厂""盘山县油酒厂""盘山县制酒厂""盘山县酿酒厂"，直至如今的"盘山酒业股份有限责任公司"。但是老字号的位置和味道没有变，而且延续至今确实难能可贵，可称"一个老字号，半座盘山城"。

永顺泉采用了清蒸混入的传统固态发酵和固态蒸馏工艺。固态发酵以优质东北红高粱和玉米等含淀粉物质为主要酿酒原料，以麸曲和酒母为糖化发酵剂，在制造过程中依靠自然界带入的各种野生菌，在淀粉质原料中进行富集，扩大培养，并储存了各种酿酒用的有益微生物，它们是形成白酒特有香味的前提。采用边糖化边发酵工艺。发酵过程中，保证水分基本包含于酿酒原料的颗粒中；窖池用优质黄泥和辽河水掺和踩踩而建成，故窖内泥土细柔绵软无夹沙，酒液浸泡其内不易流失。采用泥巴封窖，踩紧，定期检查窖

盘山辽河白酒商标　张明　摄

温，保证酒质。另一方面，在酒的发酵过程中，窖池中会产生种类繁多的微生物和香味物质，并且慢慢地向泥窖深处渗透，变成丰富的天然香源。窖龄越长，微生物和香味物质越多，酒香越浓；出酒靠发酵，生香靠蒸馏。然后再装甑蒸馏，装甑讲究"稳、准、细、净"，遵守"见汽扬料"的要求，保证不跑酒，不压酒；装甑结束后，扣好甑盖"缓汽蒸馏、大气追尾"，酒气经过冷却器，即是蒸馏酒。开始部分为"酒头"，最后流出为"酒尾"。存酒时要求"掐头去尾"，分段截取、分别贮存。白酒经过一段时间贮存风味更有所改善，所以用贮存来提高质量为一项不可缺少的技术措施。永顺泉储存主要靠半地下的红松木质酒海，这种原始的、固有的储存方法，使酒体更加协调，具有绵甜的风味特征。

项目保护单位盘锦市盘山酒业有限责任公司，于1998年改革为股份制。以传统酿酒工艺为核心，生产出盘锦佳酿系列产品，1999年通过了ISO9001质量体系认证，2003年又获国家安全饮品认证。盘锦佳酿系列先后获得辽宁省名牌、辽宁省著名商标、全国质量承诺品牌、中国驰名品牌等荣誉称号。

饮食 / 胡家卤蟹

胡家镇位于辽宁省盘锦市盘山县北部，东与太平街道隔绕阳河相望，南与羊圈子苇场毗邻，西与甜水农场隔西沙河对峙，北与锦州市北镇市接壤。此地交通便利，为衔接辽南辽西的交通要镇。胡家镇水资源丰富，是全国最大中华绒螯蟹养殖基地。当地商贸历史悠久，现有"天下第一河蟹市场"的美誉。

卤河蟹，本地简称为卤蟹、卤螃蟹，需要两个要素：一为新鲜的河蟹，二为盐卤。此道佳肴在盘锦地区有着广泛的群众基础，系河口自然资源和环境孕育并催生，具有传承历史久远、区域特色突出的特点。关于河蟹，省内典籍有子蟹、紫蟹、冰蟹、螃蟹等不同的称呼，据《奉天通志》载："螃蟹产于淡水，秋稼登时正肥，三汊河产甲于全省。冬出者小壳色紫曰紫蟹。"志书中多处描述河蟹，并把盘山域内的河蟹定位为豪华奢侈的"鼎食"。"螃蟹，秋季取蟹置籪中养肥，冬季取，谓之冰蟹以充鼎食，甚佳。"殊不知在盘山此物非常普通，以至于很长时间内人们不愿食用。本地亦流传有"螃蟹搭桥救唐王"的民间传说，民谣"棒打野鸡瓢舀鱼，螃蟹爬到灶坑里"亦生动诠释了河蟹的盛产。河蟹有"七上八下"的生活习性，农历七月逆流向淡水交配，农历八月沿水路到海边繁殖。盘山地处辽河入海之处，坑塘密布、河流交错，为河蟹提供了迁徙通道，这一鼎食自然随手可得，如何保存河蟹则是古人思考的大事。当地选择了盐藏，因为盘山的盐卤资源同样唾手可得。盘山县盐业历史久远，据《汉书·食货志》载"海阳有盐官"（锦县汉属海阳县）。辽代在中京（辽河以西境）设盐铁判官。光绪三十一年（1905）清政府在盘山设立东三省盐务总局盘山分局，辖管盐滩。1934年《盘锦县志》载"盐，每岁所产不下数百万斤，乃本县出口之大宗"。域内民众利用

卤蟹成品　张海涛　供图

盐碱资源制作硝、卤水、土碱、灰碱等矿物，想必与当地文明是同步的。制盐的方式具有多样性，一是取海水晒之，二是取井水晒之，三是取土熬制，皆可成盐。《奉天通志》记载"熬炼成硝时提出之盐曰硝盐，味道咸而苦涩，用以醃菜甚佳"。制硝所产生的"硝盐"，当地民众也称"小盐"。在物资匮乏的旧时，生活在产盐区的人们，为了保存螃蟹的味道，自然将河蟹和盐结合，现今保留有两种方式，一是将河蟹捣碎，加盐制成螃蟹酱，用来做冬季炖菜的调味品；二是将鲜活的河蟹用盐水卤后食用。这本是受困于环境的无奈之举，却因对鲜美的保存与提升，被大众所接受并延续至今。这也是域内"生吃螃蟹活吃虾"的由来。

卤蟹有熟卤、生卤之分。所谓"熟卤"，就是先将盐水煮开，待自然冷却后再卤河蟹。"生卤"则无需煮沸。胡家卤蟹技艺属熟卤，选新鲜河蟹及配料，严格控制温度、时间两项指标，在现代制冷技术的支持下，可长时间保鲜保存，经测定保质期长达半年。张海涛卤蟹技艺就是胡家卤蟹的典型代表。具体技艺流程如下：首先准备材料。当地有"九月团脐十月尖，持蟹饮酒菊花天"一说，意思是八月母蟹最肥，九月公蟹最香，这也是选蟹的标准。将选好的河蟹放入清水中吐净污物，备用。同时制作卤水，铁锅加饮用水，加入适量的盐和调料，煮开后自然放凉。同时准备好葱、姜、蒜、花椒、大料、辣椒、胡萝卜、香菜等配料。卤制，这一步就相对简单了。待卤汁完全凉透后，放入刷洗干净的河蟹和配料。因河蟹习惯于近海生活，入卤水后会吸食卤汁，蟹肉的鲜度便会得到提升。为延长这一过程，先把卤河蟹放置0℃冷藏室，使卤汁充分进入河蟹各部位。保存及销售，卤制24小时后，转入20℃冷冻室，使其完全冰冻，达到长时间保鲜的目的。在运输及销售过程中，同样要保持全冷链状态，进而保证卤蟹质量。

据张氏家谱记载：清乾隆五十五年（1790）河北乐亭县张兆、张岩两兄弟闯关东，在现盘山县后腰村搭窝落脚。1874年，张兆的曾孙张太迁至绕阳河西岸，初为张家窝铺，现今被称为张家村。张太的儿子张万福生意做得红火，家里拴有两挂马车，同时经营豆腐坊，家境显赫于地方。1918年，张万福的儿子张普生出生，14岁开始卖豆腐做生意。偶尔会将河蟹用盐腌好，赶集贩卖。1946年，家境殷实的张普生在胡家集市开了铺子，夏季主销鱼、虾、蟹等鲜活水产品，冬季销售冻鱼、咸鱼、干鱼、虾米等加工产品。中秋节前后，张普生铺子会加工卤河蟹销售。1956年公私合营后，张普生回到张家村务农，卤河蟹销售停止，转为自家制作食用。1989年，张普生的孙子张海涛（1971年生）初中毕业，从事河蟹养殖。1993年，开办张海涛河蟹店，成为胡家镇第一批河蟹经销商。随着生意发展，受制于河蟹的时令性，张海涛开始研究河蟹加工。爷爷张普生鲜美的卤河蟹自然成为首选。在爷爷的支持下，卤河蟹产品重新推向市场，深受好评。然而，这家家户户都会做的卤河蟹，很难在当地产生大的效益，只是延续这份情怀而已。经过十余年的沉淀，2015年初，张海涛向市食药监部门正式申请食品生产许可，准备规模化生产。在办理过程中得知，国家还没有卤河蟹的相关标准。于是有关部门组织专家进行论证，依据张海涛卤河蟹制作工艺确定了卤河蟹食品安全国家标准。自此这一大众食品正式列入国家菜谱，同时也将卤蟹工艺的知识产权留在了盘锦。

胡家镇原为胡家窝棚，清朝末年，京奉铁路沟营段支线便在此地设有胡家窝铺站。镇南三里，逢三、六、九日为集，周边的农民皆来这里赶集，逐渐形成了商品集散地。值得一提的是，此地经商氛围浓郁，商贸文化独特，商铺多数以经营者姓名为商号，如赵某某大车店、杨某某杂货铺。在大集的引领下，当地民众呈现出农业、渔业、商业杂糅的生产生活状态，多数商家采取生产、捕捞、加工、销售一体的模式经营，现今大多数商家仍延续这种闭环模式。河蟹本为鲜活水产品，在商业推动下，通过卤制提升其鲜度，加之冷藏保存其味道，逐渐从餐桌走向市场。这一过程蕴藏着当地民众的集体智慧，充分体现了"靠山吃山靠水吃水"的自然法则。

项目保护单位盘锦海涛水产品有限公司积极申报各级非物质文化遗产，其工艺被认定为国家卤蟹生产标准，使得这一普通的地域美食摆脱了时令、保存等限制，成为全国流通的商品，再次跻身"鼎食"之列。2019年9月，盘锦市政府将胡家卤蟹列入市级第五批非物质文化遗产代表性项目名录。

渔猎 / 绕阳湾渔猎技艺

　　绕阳湾渔猎技艺是绕阳河流域的人民利用坑塘、沟渠，采取多种方式捕捞，创造出的渔猎技艺和民俗活动。绕阳湾渔猎技艺具有捕捞方式多样性、渔事活动完整性、技艺传承完整性、群众参与广泛性的民俗特征，依靠言传身授，在绕阳湾地区世代传承。

绕阳湾冬捕　张亚如　供图

绕阳湾地区的渔事活动最早可上溯到辽代，绕阳河盘锦流域有四处辽金元遗址，有着当时人类居住的文化层。辽代的"渔盐镔铁之便利"，绕阳湾占据其二。至今当地还流传着"观音滩""鳌鱼口"等民间故事，揭示了先民们的生活经历和环境。到明朝时期，依河而居的先民渐成聚落，渔事活动逐渐繁盛，渔猎技艺形成。清乾隆时期，当地已经成为辽西地区的重要区域，人口众多，渔事活动已经成为固定人群的谋生手段，以渔事为主的经济模式逐渐繁荣。清末时期至民国初年，规模较大的冬捕活动出现。中华人民共和国成立后，绕阳湾地区成立了专业的捕鱼队，沿用原始的捕鱼方法，传承渔猎习俗。

绕阳湾渔猎技艺将东北地区古老捕鱼方式进行了有效传承，大体有如下几类：

一是直接捕鱼。分两种。（1）浑水摸鱼，单独行动。有经验的鱼把头在河边边走边看，见水中泥巴里冒出水泡，将一只手伸进泥里，用两个手指就把泥里的鲜鱼夹出来。相传渔人不能在动手捉鱼时与别人讲话，所以用这种方法捉鱼的人，总是个人单独行动，很少有结伴。多见春秋两季。（2）光脚踩鱼。渔人逆水缓行，基本在河中央位置，水深在腰至胸之间，用脚"踩鱼"的方式捕鱼。多在秋季使用此技巧。

二是网具捕鱼。（1）撬网搬网，大小随意。一根长长的竹竿做把手，长竹竿的尽头，是一个用几根细竹搭起的大大的梯形

抢网捕鱼　张亚如　供图

网（大小随意），凭经验间歇性起网放网，网一收，便能捕到新鲜的小鱼了。多用于春夏季节。（2）拦网一搁，受益三年。用几根竹竿撑起大大的环状网，围成一个半圆。沿着河滩下网，潮水来时，半圆的网将随着潮水涌来的鱼、蟹等圈住，待潮水退下，鱼、蟹便留在了网内。拦网是常年的，一张已铺好的网大概可用个二三年，待年限到了，网破了，便需换一张新网。

旋网捕鱼　张亚如　供图

（3）地笼捕鱼，有来无回。网编织成的笼子有前后两个开口，前面开口大，后面开口小。等小鱼小虾小蟹游到笼子里后，因为后面开口小，便钻不出去了。多用于春夏季节。（4）小坑浅滩，抢网推鱼。网呈V字形，开口大约有1—2米宽，捕鱼人将网平放河滩上，就这样以推的方式慢慢前行。随着网的推进，水中的鱼、蟹等便被罩到了网中。比较适合坑塘小河捕鱼。多用于夏秋季节。（5）秋末清坑，大网拉鱼。捕鱼时，将网从田、塘、河的一端牵伸，先将下沿放于水中，靠坠子重力使网的下沿与鱼塘底、河底、田底紧密接触，一部分人拉着网下沿绳的两端先走，另一部分人拉着网的上沿绳走在后面，网的上沿露于或高于水面，这样鱼从网的上沿和下沿都很难逃脱，将网从河、塘、田的一端拉向另一端，多数鱼已在网中，逃脱的极少，连续两次就基本把鱼捉完了。多用于秋季。（6）旋网一张，晚饭不愁。网为一圆锥形，中间拴有一根提绳，网径有3—5米长，网周边固定有坠子以利撒网和网的下沉。撒网适宜于水深在十余厘米至1米左右水域，使用时，将渔网搭于肩上，手握提绳及网边，瞅准有或估计有鱼的地方抛出撒下，技术好的将网完全张开，网的边缘在坠子作用下迅速下底，将鱼罩于网中，手拉网绳，网沿在坠子和绳子作用下，擦着泥底迅速向中间收拢，鱼则被网入其中。多用于夏秋季节。（7）八卦网，迷魂阵。在河滩上用芦苇秆和丝网围成的"捕鱼阵"。鱼是进得来，出不去。可在全年捕鱼。

三是利用渔具。（1）鱼篓捉鱼，无本利足。下鱼篓，多在春夏季节使用。鱼篓是用苇篾织成的，一头留有入口织有倒签，鱼进去后就出不来。其方法是：先把鱼饵放进鱼篓，然后将鱼篓放在河滩，可以安放数十个鱼篓，每个鱼篓旁边插放长棍为记号。第二天清早，看到水中的棍子，就知道那里放有鱼篓，便可得到鲜鱼。（2）蓄笼入水，诱而捕之。早年是由柳条编制而成，主体部分是一个大肚形，底部安装有一布筒，下水时系死，起出时打开，由此处倒鱼。入口处为一锥形漏斗，与主体相连，细颈处内有倒须，可防止鱼进入后逃逸。外系有绳索，隐于岸边，便于收取。使用的诱饵多为烘烤后的骨头、豆饼等。多用于夏秋季节。（3）"地龙"，是一种由塑料纱网围在多个竹圈上的捕鱼工具，多节，竹圈直径与草帽大小相仿，头部为内陷锥形漏斗，尾部多出一截纱网，系死后用于取鱼。多用于夏秋季节。

渔具"片钩"　张亚如　供图

四是围拦阻截。（1）挡亮子，蓄水养鱼。当河涨水时，鱼群进入河湾觅食，等到水落下来，人们迅速用柳条、草袋子把河口堵住，等结冻之后再下网捕鱼。多用于夏秋季节。（2）跳鱼薄，顺势取鱼。在河中间放一柳条筐，

迷魂阵捕鱼　张亚如　供图

筐两边用石头或袋子堵上为坝。鱼无路可逃，只得顺流而下，自然落到筐中。这种办法人们多在秋季使用。（3）别亮子，拦路截鱼。是一种较为特殊的捕鱼方法，多用于秋季。与其他捕鱼方法不同的是，这种方法需要有一定的地理条件，一般要选择跨度较窄的小河汊子，用木桩自两边向中间夹杖子，只于中间留半米左右的口，口的两侧也以木桩固定，安装铁筛。自上游返回的鱼到亮子处被截，便集中于此。放亮子的人每天去收获就可以了。（4）撵边挂网，驱而捕之。秋季初冬时最主要的捕鱼方法。一般进入11月，撵边的人先于薄冰处凿开冰眼，将挂网下在冰层之下。挂网下好后，人回到岸边，将冰层下的鱼向河中心轰撵，鱼群纷纷后退时，便也纷纷挂在了渔网上。一年中，撵边是大量出鱼的季节，也是鱼最肥的时候，且所得鱼大小均有，捕捉方便，最为捕鱼者所津津乐道。

　　对境内水域环境而言，冬捕在绕阳湾渔猎技艺较具代表性。冬捕过程整合了多种捕鱼方式，需要多人协作才能完成，充分展现了河口地区的渔猎文化内涵。因冬季寒冷，人们需要破冰冒雪开展捕鱼活动，无疑增加了渔猎活动的难度，之所以会有不断代的冬捕传承，主要原因是人们的文化习惯。最初冬捕是为了过年，首先要为自家准备年货，多余的渔获还可以拿到集市易货。因需破冰为之，所以需要集体协作，少则十余人，多则整村出动，然后再进行分配。每年大型冬捕之前，会举行规模不等的祭河醒网仪式。届时会准备一只猪头和两瓶老酒，由鱼把头带头祭拜，然后将贡品投入河中。

　　冰层下面是否有鱼、有多少鱼、有什么鱼、怎么捕鱼等等问题均由鱼把头来判断决定，技艺高超者能通过水泡的大小和密集程度来判断出冰下什么鱼种居多，当然还会有更多的判断依据，因为一旦判断失误，大家就白忙活了。捕鱼技艺主要有以下几种：

　　（1）赶簿。具体做法是将柳簿插入破开的河冰里，使之横贯整个河面，并在一端插出个圆形。也就是说，使用赶簿的冬捕方式，河深不能超过柳簿的高度；河宽则不限，柳簿可以接。柳簿插好后，就在冰面上凿出"狗咬牙"式的冰眼，即平行且错落开来的冰眼。十几个人同时用劳动耙伸进冰眼里搅动，氧气的充沛会使河里的鱼都奔过来。接下来再在前面凿冰眼，再搅水，如此反复，一直把鱼赶到接近柳簿的地方。然后再与先前插下的柳簿后面几米处，插下另一层柳簿，具体距离视鱼的多少而定。除了黄鳝会往后倒，余下的鱼如鲤鱼、鲫鱼、胖头鱼、白鲢等，都是只走直道，不肯拐弯，于是鱼们就都被圈在柳簿里了，这时就可以拿起抄捞子捞鱼了。

　　（2）片钩。这种方式可以单独用，也可以配合赶簿使用。以赶簿法捕鱼，捕上黑鱼的时候少，因为黑鱼惰性很强，赶鱼的时候它们常常就会溜边儿，扎堆儿于河边，而不肯趋向柳簿所在地。这时就可以在河边凿出一个冰眼，

绕阳湾片钩捕鱼　张亚如　供图

将片钩伸进去，直接把鱼钩出来。片钩的手感十分灵敏，即使是钩到个草棍都有明显的感觉。然而却最需要技能，一般人摆弄不好，尤其当钩到鱼的时候，若没有充足的经验，很容易就会让鱼跑掉了。

（3）围网。这也是集体式的冬捕之法，在河面上凿出一个入网眼，放网下去，再凿出一圈圆形的冰眼，用以驱鱼入网，然后在出网眼拉出网来。这种捕鱼之法对河底的状况要求较高，必须平坦且无障碍物才行。此外河面太大也不适合，那样的话鱼会有机会跑掉很多。如采用大的围网，圆状冰眼的半径则需要扩大。随着网具材料工艺的进步，绕阳湾地区已经出现千米半径围网，出鱼过万斤已是常态。

（4）丝挂子。丝挂子是冬夏都可以应用的网具。冬季应用的时候，就需在河面上凿出一排冰眼来，不能距离过远。在第一个冰眼放下丝挂子，丝挂子上有浮漂，会循着余下冰眼透出的空气走，走得不畅的时候还可以拿竹竿帮忙校正。让丝挂子在河里待上一段时间，然后再从入网眼里小心拉出，届时就会有一串串大鱼挂在上面。

绕阳河是辽河下游右岸的一条支流，辽代称锥子河，后称珠子河、耀英河、鹞鹰河、绕阳河，几经易名，行至盘山境内，因地势平坦，河道形成多个弯曲，最终注入辽河。盘山县太平街道境内也称绕阳湾。这里一年四季均可开展捕鱼活动，得天独厚的自然条件，使渔民在生活实践中创造出独特的捕鱼方式，他们知道什么季节在什么水域用什么方法可以捕到什么鱼。经过历史的沉淀，相关经验已成体系。与之相关的渔俗及协作习惯对该区域影响深远，系渔猎文化的重要遗存。

服饰 / 满族民间服饰

　　盘锦位于辽宁省西南部、辽河三角洲中心地带。2018年末全市常住人口143.9万人，共有38个少数民族，其中满族41914人，占全市人口3.01%，是本市人口最多的少数民族。满族民间服饰是本地传统文化中最具影响力的一个门类，在本地区曾一度占据主导地位，渗透在人们生产生活中，涵盖了盘锦地区刺绣、剪纸、缝纫、纺织等多种民间技艺，是满族民间传统文化集大成者，是本境最具影响力的一种传统文化。

　　清政府建立伊始，就对服饰进行巨大的革命，奢华之风盛行一时。经过顺治、雍正、乾隆三朝皇帝，历时123年（1644—1767），为体现满汉交融的

制作满族旗服　张明　摄

补绣制品 张明 摄

特点，统治阶级围绕满族贵族建立起烦琐的服饰制度，强势思想也禁锢了民间服饰的发展。发展到清末期，贵族服饰风格才开始向平民化转移。以1911年辛亥革命为分水岭，民间服饰才得以丰富发展。最为典型的是"旗袍"的平民化，各种花色、工艺、形式趋向成熟。这一时期，民间成衣作坊开始盛行，他们掌握着当时最为先进、系统的服饰制作技艺，工艺精湛，做工讲究，制作的款式引领着社会潮流。

分析盘锦满族民间服饰传承人的家族传承史，可以从一个侧面折射出近现代满族民间服饰的变迁历程。据市级非物质文化遗产代表性传承人张立新口述整理，盘锦满族民间服饰传承史可以分为以下几个阶段。一是草创阶段。1872年左右，第一代传承人赵永恩和赵金氏创立成衣铺，靠做零活维持家用。二是发展阶段。第二代传承人赵春河、赵那氏夫妻成立成衣坊。赵春河习武尚武，不参与制作，仅参与管理。赵那氏嫁入赵家后，参与经营，不久后接手成衣铺。在盛京（即辽宁省沈阳市）成立成衣坊，主营满族服饰的制作、刺绣及皮草制作。赵那氏精于刺绣，善于管理。生有一子四女，分别是儿子赵绍卿，女儿淑媛、淑兰、淑君、淑琴。成衣坊属家族管理，家族内女子皆参与制作，每个人各司其职，分工明确，形成一套

纳纱枕顶 张明 摄

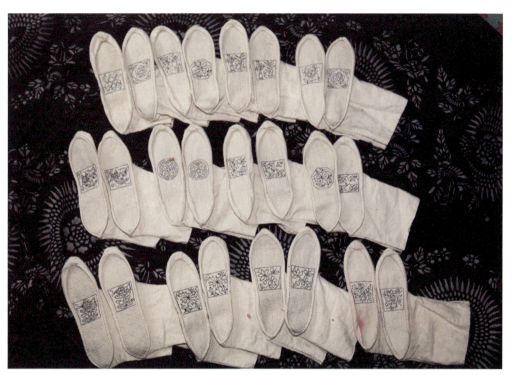

刺绣袜子藏品　张明　摄

家族生产模式。同时有绣娘班，最多时有20名绣娘参与制作。定制的满族服饰做工地道、原汁原味，而且绣工精湛，颇受好评。三是鼎盛阶段。辛亥革命以后，儿媳郝淑香接手管理成衣坊，因为名气越来越响，规模扩大，遂更名为"顺天成衣局"。顺天成衣局店铺位于奉天（现沈阳市）北市场三花街（对鲜花街、叫花子街、花衣服街的统称）一侧。民国后期在保留原有项目之外，又增加了洋机器织布，规模显赫一时。顺天成衣局主营旗服、戏装、花衣裳（妓女穿的衣服），因"活儿"质量上乘、工艺讲究，吸引很多政要、达官贵人来此定制服饰。四是式微阶段。辽沈战役爆发，为躲避战乱举家迁出沈阳，到闾阳（今北镇市）赵营子投奔亲属，致使大量的花样、成衣、工具流失，只留有一本小花样册和少数小花样子，一打袜子及几件成衣。五是复兴阶段。第四代传承人张立新是赵淑琴（四女儿）之女，儿时在母亲和奶奶的熏染下，对满族服饰情有独钟，从纺线织布到蜡染麻花布、枕顶制作、刺绣、服饰制作、满族民间制

纳锦枕顶藏品　张明　摄

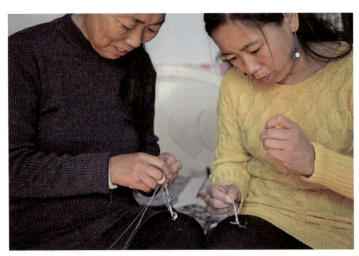

缝扣襻　张明　摄

作工艺等均了然于胸，已完全掌握满族民间服饰制作技艺。成年后嫁到辽河油田，一生以振兴满族民间服饰和刺绣为己任，且成果丰硕。现已经将整套工艺传给张立红、许月芹、郭桂艳等人。

满族民间服饰主要指具有满族民俗和地域特色，与人们息息相关的日常服饰用品及相关制作技艺。众多传统服饰制作技艺涵盖其中，如"扣襻""十八镶""掐鞋脸""打袼褙""缝合""裁剪"等工艺；众多满族传统美学因素蕴藏其中，如剪纸、刺绣、女红等。剪纸是花样创作的依据，女红在创作前往往是一把剪刀、一张红纸，剪随手动，手随心动，作品质朴厚重、浑然天成。依据花样制版，之后拓到布面，才开始刺绣。满族刺绣大量用于服饰之中，山水花鸟、亭台楼榭、瑞兽祥云、传统纹理随处可见，刺绣技法有平绣、堆绣、打籽绣、绒绣、补绣等，针法涉及百余种，错针、纳金丝、网针、乱针、挑花、刮绒等。制作成衣全部为手工制作，承袭传统模式生产，工艺包括选料、画衣样、绣花、裁剪、掐缝、镶边、咬牙、缝合、上领、盘扣襻、熨烫、整形等20个步骤。可以说，它是满族民间传统艺术的杰出代表，具有极高的历史价值，是我市乃至辽宁省境内不可多得的文化资源。

旗服展示　张明　摄

绣坊工作场景　张明　摄

　　现今传统服饰已不再具有普及性，但传统手工服饰的制作工艺烦琐，完全是手工制作，每件都是精品、孤品。在满足使用功能的同时，添加了更多的人文情趣。由多名女工在一起完成，并非流水线生产，使得参与者乐在其中。满族民间服饰蕴含的手工技艺和传统美学，在现代文明的今天更显得弥足珍贵。满族民间服饰蕴藏着丰富传统因素及特殊的沿革历史，使其传承更具社会价值，在一传一承之间，完成了百年的演变，亦完成了传统的接力。

　　市级代表性传承人张立新，曾用名张滢，满族，1955年12月出生，中国民间文艺家协会会员、中国工艺美术学会会员、中国工艺美术学会民间工艺美术专业委员会会员、市级非遗代表性传承人。她坚守传统文化，把振兴满族服饰及刺绣事业作为一生奋斗的目标。同时，把刺绣事业与劳动就业、创业相结合，带动一大批刺绣创业者。获得2012年盘锦市优秀创业女性、2012年度盘锦市"巾帼建功标兵"、2012年辽河油田"手工达人"等荣誉。

市级代表性传承人张立新　张明　摄

2005年，创建盘锦经济开发区滢滢织绣坊，免费传授学员满族刺绣技艺，至今已有3000多人。现兼任辽宁省抚顺师范学院客座教授、吉林省通化师范学院特聘教授、东北师范大学满族研究学院研究员。她将盘锦乃至辽宁的刺绣文化带上了更高、更大的平台。50年来，持针不辍，曾有多幅作品被国内外相关机构和爱好者收藏，相关制品获得数十项市级以上展赛奖项。2019年4月，张立新与徒弟郭贵艳创作的服饰作品《满族风韵》获得第十六届中国人口文化奖（民间艺术品类）优秀奖。

预测 / 大洼稻占技艺

　　大洼稻占技艺即辽河口地区人们通过观察种子在冬季的变化，进而预测来年天气、选取适宜种子的农业规律认知。系当地农民在二十四节气变化中不断完善的经验积累，承载着优秀的农耕文化和民俗内涵。在大洼区王氏家族内部传承至今，并持续用于大洼及周边地区的农业生产一个多世纪。稻占流程复杂，每道工序细致入微，整套流程周全缜密，种子从"秋收"至"生苗"必须严格遵循节气变化，完全凭经验进行分析。"冬至稻占"需要有仪式配合，祭文规整，反映这一行业敬畏自然、祈福天地的原始崇拜心理。

　　大洼区位于辽宁省盘锦市南部辽河三角洲的中心地带。境内系沉积性退海平原，地势平坦，无山多水，光照充足，四季分明。大洼土地属于沼泽土

插秧节稻占仪式　王震宇　摄

质，有机质高，加之大辽河水系丰盈，尤其适合水稻种植。19世纪末至20世纪初，境内已有农户分散的开发种植水稻、旱稻，试种技术已经在民间应用。20世纪40年代开始，国家高度重视该地区农垦发展，重点发展水稻生产，使盘锦成为当时国家重要水稻产区。在几代盘锦人的努力下，水稻种植面积逐年增加，大洼区成为国家重要商品粮基地，是盘锦大米的主产区。

盘锦地区水系丰盈，湿地纵横，辽宁近一半的河流在此穿境入海，历史上常受水涝洪灾，自然环境和社会环境相对粗放，加之政治因素影响，此地大面积农业耕作起步较晚。据《奉天通志》108卷载，清顺治二年（1645），在大凌河两岸分别设立"大凌河牧厂、盘蛇驿牧厂（又称砖台子牧厂）。牧厂设定初期，隶属于兵部。清康熙九年（1670）改隶于内务府，不许民间开垦"。这一记述放在清顺治拨民的历史背景下，显然过于官方。清顺治九年（1652），清政府颁布《辽东招民开垦则例》。先人们在牧厂边缘择高地而居，为满足生活所需，农业、渔业行为难免会发生，只是零星分散而已，没能规模化成产。据《大清会典事例》记载："清同治二年（1863），丈放盘蛇驿牧厂，始得垦荒种地，所开天地皆为可种植小麦、高粱、棉花等作物的旱田。"近200年的时间，"龙兴之地"开了又禁，禁了又开，终难规避"国以农为本"的发展规律。随着以百人为单位的移民入境，人们在求生求活的日子里

大洼稻占在盘锦第三届插秧节展示"抛撒稻穗，祈求五谷丰登"　王震宇　摄

迎来了农业的大发展。这一时期也是大洼稻占技艺在本地的形成阶段。清同治五年（1866），60岁的山东人王宗贤闯关东到大洼驾掌寺，靠耕田务农为生。王宗贤曾读过四年私塾，头脑灵活，沿袭山东蓬莱祖上的耕种方法，结合当地的"二十四节气"规律，帮助乡亲从"高粱、旱稻、大豆、谷子、小麦"等粮种中预测出最适合来年气候的种子，当年秋天果然增产增收。在科学技术匮乏的年代，王宗贤用占卜来选种，自然被誉为"神技"。后传授给儿子王正达。王正达平时还在周边地区帮人选种不收费，只是象征性地收点粮食算作酬劳。随着父子知名度的提高，二人逐渐向商业过渡，到田庄台经营粮行买卖，每年冬天搞种子预测服务乡里。1931年，王正达把稻占技艺传授给了儿子王绍先，并在辽河西岸小面积种植水稻、旱稻。随后社会局势动荡，稻占一度停止。直至1945年，举家从田庄台搬到大洼唐家。因试种稻占有封建迷信之嫌，只局限于小范围传播使用。发展到20世纪80年代初，国家惠农、兴农、利农政策越来越好，尤其农村联产承包责任制的实施。王绍先之子王景良已在国营农场机关工作，他利用业余时间推广、宣传稻占技艺，还把这门技艺传授给儿子王洪阁。王洪阁在父亲鼓励下考入了当地农业学校，毕业后在大洼及周边地区积极开展稻占技艺。本着"报效家乡、服务社会"的理想，帮助种子公司、农业合作社、农业协会、农户免费开展稻占技艺推广。2014年，为了让这门技艺发扬光大，王洪阁把"大洼稻占技艺"传授给了女儿王琬璐，王琬璐毕业于沈阳农业大学并攻读"育种学"专业研究生，继续传承完善此项技艺。

万物生长受日、月、星体变化及"二十四节气"更迭的影响，水稻种子及秧苗生长亦是如此。占，是指卜问或预测。《说文解字》中解释"占"为："视兆问也"，有观察之意。"稻占"顾名思义，即为水稻在未种之前通过观察、卜问预测出未来的变化。水稻种子具有鲜活的生命力，对自然环境的光照、气候的变化有着感知和反应。大洼稻占技艺通过王氏数代人的经验积累，结合本地节气的变化规律，形成一套完整的传统选种技能，可以做到"未种先卜先知"，预测出哪种水稻种子种了适应气候，可以增产增收，使水稻种植趋利避害。另外，稻占也可以预测天气，减少农业气象灾害，达到防灾减灾的目的。

大洼稻占技艺流程需要与节气严密配合，顺应自然变化，环环相扣，一步不能马虎。需要历时118天，通过8个节气的演进，10个品类种子对比分析。有口诀如下："寒霜收挂藏、击脱磨捏晃、看听观比称、占法知未来。"其中"冬至稻占"是整个流程的核心部分，也是最具仪式感的环节。

寒露收种："九月中，气肃而凝，露结为霜矣。"10月8日是稻占收稻种时间，此时节用镰刀收割不同品种的水稻，把带秆的种子捆成把晾晒。

霜降挂稻：霜降是秋季的最后一个节气。10月23日，将收获不同品种，已捆成把的水稻种子分别挂在墙上。

立冬收藏：11月21日，稻占种子脱稻。将墙上挂的水稻种子分别取下，用石板击稻脱粒，脱粒后用簸箕簸去稻叶，挑出稻梗等杂质，分别装入麻袋。

冬至稻占：12月22日，冬至。俗话说，"冬至大于年"，此时节阳短阴长，一年中白天太阳光照时间最短，天气也即将进入寒冷节气。水稻种子此时开始活跃。冬至之前卜者需要对水稻系统观察，观毫厘细微的变化，将稻的灵性与星辰日月、环境的诸多变化结合分析。冬至日上午巳时，"卜者"双手端罗盘站于室外。磁针指南时，详观稻种。将不同品种水稻种子用铜秤分别称量入斗，用算盘计算每个品种的产量、观品质。将每个水稻品种的特性牢记于心，铜钵晃动之后分别装袋，用麻绳扎袋口，悬挂放在阴面的木架之上，余者装入粮仓，收储稻种。念诵祭文，祈福天地。

立春观稻：2月4日，立春。立，始建也。春气始而建立，气温、日照、降雨，开始趋于上升、增多。把不同的种子袋从木架上取下，这些稻种经历四个节气，感受到大自然的信息，种子发生相应变化。卜者观察稻种形状及各种变化，进行选种。

春分晒种：春分者，阴阳相半也，故昼夜均而寒暑平。3月20日，将进行稻占的种子选出并晒种，观察风对种子生长过程的影响。

谷雨播种：谷雨，谷得雨而生也，雨生百谷。谷雨播种、种子发芽、水稻秧苗生长。

小满栽苗：5月中，小满者，物至于此小得盈满。栽禾吉日，插秧吉时。

至此，种子完成了"冬藏、春播"的两个阶段，等"夏长、秋收"之后再次按照自然的节拍进入下一个周期。"大洼稻占技艺"是二十四节气在盘锦地区推广应用的一个典型代表，传承着辽河口古老的稻作文化和民俗内涵，具有鲜明的地域性和代表性。

2013年10月，"大洼稻占技艺"被市政府列入第三批市级非物质文化遗产保护项目名录。2014年3月，王洪阁被认定为该项目市级代表性传承人。盘锦稻谷香食品有限公司作为项目保护单位，创办大洼稻占技艺馆，每年接待社会各界参观和大学生社会实践等活动。2016年以来，在盘锦市社会各界的支持下，大洼稻占技艺先后被《今日辽宁》、《辽宁日报》、辽宁广播电视台等媒体报道。2016年6月28日，中央电视台《稻米之路》对大洼稻占技艺

盘锦第三届插秧节大型原野情景展示稻占技艺　王震宇　摄

进行专题采访录制；2016年8月28日，CCTV7《乡土》栏目"水边人家夏日忙"节目播出了大洼稻占技艺。市级代表性传承人王洪阁积极参加各类公益活动。在盘锦历年举办的插秧节、稻草艺术节、非物质文化进社区等活动中大力宣传稻作文化。

恶劣的自然环境孕育出独特的选种占卜知识体系，大洼稻占技艺是当地农耕文明的重要遗存，是先人们探索自然、总结自然最朴实的农业经验，在农业科技高速发展的当下，尤为珍贵。

操控／二界沟滑樯式风船使用技艺

　　二界沟滑樯式风船使用技艺是指辽东湾渔场木质渔业帆船的操控技能。在当地因为帆船的"帆"与"翻"同音，渔民为了避讳，把木质渔业帆船称风船，把使用操控船只形象地称为"船使八面风"。区别于运输渔船和内河渔船，滑樯式风船与二界沟历史、资源、人文、地理环境密不可分，因当地

传统风船使用　林松　摄

特有的樯张网捕捞方式而被渔民广泛掌握，后随樯张网的衰落，尤其是现代机船的兴起，滑樯式风船渐渐退出渤海辽东湾，这种特殊的使船技艺也随之没落。

据《盘锦市志·工业卷》第二章记载："1748年（清乾隆十三年），山东渔民曾元亮在红草沟废墟上建铺，名沟南村（今二界沟）。发展至1811年，河北滦县人多到此地捕鱼。二界沟镇的雏形已初步形成。"二界沟至今仍流传有"截沟挡流儿，排船赶流儿"一说，分别指向两种渔业生产模式。所谓"截沟挡流儿"就是指在潮间带或潮沟内开展捕捞活动。入海也叫赶潮，在二界沟称为"赶流儿"，货跟船走，船随潮动。潮讯每天都会有48分钟的时间差，所以没有固定的出海时间。与如今不同，风船要想出沟，必须潮落之后顺流才能出发。从二界沟最北边四队码头到网地需要4个小时，网地在岗尖东南（现盘锦港西南）。因为樯张网的特殊属性，涨潮无法起网，必须赶在落潮或低潮时干活，这就要求风船尽快到达。但是大自然不会一直给一个风向，顶风、顺风、偏顶风、偏顺风都要在规定时间内到达，木渔船要掌握最基本的"之"字行驶，需要一个字"快"。因为潮不等人，慢了就代表空手而归。樯张网作业时，渔船要将这种使船方法用到极致，所以当地将"船使八面风"的使船方法称为滑樯。

根据《盘锦市志·工业卷》第二章记载："1830年（清道光十年），有5—6吨的渔船30艘左右，樯1200棵，改挡网生产为樯网生产。"以风为动力的木船，统称为风船。据现存的文物木船和史料分析，按照网具和作业方式不同，二界沟海域风船大体有"门腔式、大颠子、牛船、舢板、花鞋"几种类型，"花鞋"是架子网专用，"大颠子"为樯张网用，"牛船""舢板"为沟汊作业或短途运输专用，其中"花鞋、大颠子"两种船型为二界沟常用的渔业捕捞木船。在清道光年间，5—6吨的渔船完全依靠风力作为驱动，而且已经有30艘的保有量，可见风船在二界沟的历史地位。当地流传有"三桨不如一橹，三橹赶不上有风鼓一鼓"的民谣，可见使用风船已经完全成熟。1957年在合作化运动中，二界沟成立"金星渔业社"，有社员472人，渔船43艘，其中机船20艘，其他都是风帆船。这一方式一直延续到20世纪80年代初，随着现代工业文明的推进，在风船上加装发动机大大提高了生产效率，但随着时代的改变，风船逐渐式微。传承人李生基回忆，20世纪80年代机帆船大量普及，所谓机帆船就是在旧风船上加装发动机。90年代末期，滑樯式风船正式退出历史舞台，曾经在二界沟风光的滑樯式风船使用经验体系无用武之地。随着时间的流逝，老渔民相继离世，现如今能完整掌握此项技艺并熟练使用的渔民已然不过一手之数。

二界沟滑樯式风船使用技艺可大抵分为扎篷、船长操控、搭篷三个部分，具体如下。二界沟因忌讳"翻"意，把帆称为篷。风船在投入使用前，船和篷是两个部门生产，渔民固执地把船和篷并列，可见篷的重要性。"船头颠，船尾晃，大桅底下赛火炕。"排船的师傅把"舵、鹿角（jiǎ）、狗头、象鼻子、象牙、狼牙"等"七飞八跑"的构件排造成船，这些构件由掌作师傅自己确定。唯独桅杆需要与船主提前商量，因为桅杆的长度决定了篷的大小，而篷的制作则与排船师傅无关。究其原因，篷决定了船的性能。二界沟渔民生产因为要"赶流儿"抢时间，渔船要求结实耐用之外，还要"平头平底"的船型，当然平底并非纯粹的平底儿，需要带翘儿的平底；平头也非纯平头，需要有弧度上翘而内收的船头。使得渔船压浪式航行，具备了"吃水浅，速度快"的特点，既能滑樯（90°左右的转弯），又可以"大过礁"（180°掉头行驶）使用，用当地渔民的话讲："像冰杂儿一样。"要想达到这

李生基操控滑樯式风船　张良军　摄

些目的，就需要利用风力，使篷、船、操控三者高度统一。整体篷形是非标准的长方形，底槛和上槛长度相同，高度要小于宽度，一般中间比底槛多出30—50厘米，而篷到桅杆的三分之一至四分之一处越宽越好，这样才能用桅杆和舵杆吃劲，适合作业船，侧面呈上大下小的扇形弧面。篷越宽越走八面风，篷宽会提升渔船的航行速度及稳定性。扇形帆属中国斜桁四角帆的变异，为防止重心高的船翻沉，而降低风压中心，保证动力最大的同时，增加稳定性。

船长操控。传统意义的船长是指渔把头，是最具经验、威信和操控能力的渔民。二界沟的渔船分大小配置数量不等的船员，一般为7、5、2人数不等。以7人为例，需要船长、揽头、硬腰管、大软腰管、小软腰管、大舱、二舱、伙舱7人，船长需要从伙舱做起，每个角色都要做好，凭借能力和经验以及大家的信任才会得到船长的位置。船长对于滑橹式风船而言，就是掌舵的，由他来统一调配搭篷、下网、起网、滑橹、掉礁的事宜，全船人必须手眼身法同步，才能把渔船使用好。

扎篷。造船和扎篷是两个体系，造船是由水作木匠完成，扎篷（制作篷）得船长自己来做。从有船那天起，不管船坏了旧篷改新篷，还是排船做新的，都叫扎篷。桅杆为1个，篷杆是横伸，桅是立伸。桅杆必须有豆角弯，篷要落后，行驶时船身倾斜轻灵快速，"歪船趔马跑得快"就是形象地总结了风船的原理；好的船长要求篷得有花、有叶、有尖、有囊（同兜），"花"是指篷面撑展出的扇形，要求好看而实用；"叶"是指撑条将篷布分隔的条状带，篷杆数量必须是单，不能为双；"尖"指撑杆与篷布交接处需要探出去，才能吃力完整；"囊"是指撑条与篷布之间形成弧形，要求弧度适当不能过大。综上种种，滑橹式风船才能"快而灵"，且缺一不可。具体到细节均需船长制定，因为每个人的操控习惯不一样，每条船的大小用途也不一样，需要经验与实践的高度契合。

搭篷。风船需要风力驱动，风力来源于篷，把篷拉起来在当地称为搭篷。单单搭篷并不能保证木船听人的，还要结合水流方向、涨落潮、暗流、风向等其他因素，再配合舵和船身的角度，才让船指哪打哪，真正"听话"。这就要求船上的人团队协作，船长依靠经验预判搭篷的多少，需要行驶的路线和速度。因为辽东湾二界沟海域被称为"辽东湾孵化场"，渔业资源丰富，使船的熟练度决定了捕捞的速度、人员的安全、渔获的多少等事宜，可称事关重大。这一部分用文字很难表述，更难标准化地罗列细节，只能举例说明以期管中窥豹。比如"靠岸"。据67岁老渔民李生基口述："俗话说'使小船，哄小孩儿'，船有灵性儿，摆弄儿船更需要灵性。靠岸得'落篷儿'，靠篷的劲儿来靠岸，要有筋劲、有后手。你想落之前，船得有后手儿。180°过来了后，你想拿这个码头，后手撒着呢！把后手拉住，就能往前带两步，这样正好帮到码头。如果正好的时候呢，就别拉这个礁了，让篷别吃劲。如果涨潮，南风，船还得往前走，就得拿这个劲。靠你的眼力，看风偏哪边，南风上西，礁一过多多少少能往前带一步。风上东，照比上西你得提前拐180°，要不然后手没有惯力。"李生基反复提到"后手"，应该可以理解成预判，或是提前量，是渔民长期水上作业后熟练掌握的经验性技能，是对水流、风力风向、船速的综合感觉。这一感觉，来源于长期实践和感受，用他的话讲，这就是灵性。

时代的车轮不会因为个人的意志而停滞或倒退，当使船技艺这一无形文化失去了风船这一载体，注定成为历史记忆。在一段时间里，鲜被提起，抑或被使用。近年来，一些地域文化的热心人尝试恢复风船，沉默近30年的风船使用技艺才千呼万唤始出来，只是这一大众的生产技能已转变成文化遗产。

营造/辽河口拍苫技艺

辽河口拍苫技艺位于辽宁省盘锦市大洼区东南部，因地处辽河下游，当地人把三汊河以下的辽河段，称为"下辽河"。在海水的潮汐作用下，这一河段水的盐度偏高，有"不咸不淡"之说，也称两合水，其水质比较适合小苇生长。关于小苇，《奉天通志》记："苇之初生曰葭，未秀曰芦，长成曰苇。苇者伟大也，一物三名。""辽宁境内芦苇有大苇、小苇之别，大苇多用于织席，小苇多用以覆屋，历史上二者皆为大宗出产。"所谓小苇，就是材质较硬且偏低矮的苇。为了生存，人们就地取材，很快发现小苇耐用的特

拍苫技艺之赶坡　唐恒　供图

质，用泥和草脱坯砌墙，把小苇勒成片苫房盖屋。为了防水，苫房时需要将小苇拍打码齐，使草屋顶形成坡度，当地人称拍苫。

拍苫技艺之拿檐　唐恒　供图

关于拍苫技艺的起源，本地史料鲜有记载，想来与农耕文明有着必然联系，特定的劳作方式决定了此技艺的起源。下辽河区域"十年九涝"，因为地势平坦，一旦辽河发洪水就会"漫滩"十余里。以至历史上很长一段时间，地处洼地的人们不愿意盖好房子，因为再好的房子也无法抗拒洪灾，这与贫贱没关，完全是受制于环境。由此判断，拍苫式民居也必然在历史上存在相当长的时

拍苫现场　唐恒　供图

间。以"大宗出产"来定位小苇，同时说明"覆屋"的拍苫技艺必然有着极高的普及性。

拍苫所用材料有谷草和苇，谷草有粟（小米）、稻、茅草等多种，苇分为大苇和小苇，以小苇最佳。主要用于房顶侧面呈人字形的起脊式硬山房屋，屋顶从正脊向前后两面下倾，分别称为"前坡"和"后坡"。先做起脊两坡水式木质梁架，梁架上铺房笆，房笆用小苇按"人"字纹编制而成，使屋顶具有较强的承重能力，然后抹泥填堵缝隙，再进行拍苫。拍苫非常讲究工艺技巧，一般从屋顶两边开铺，边铺边用拍板拍打平整。为了防风防水，要求一层压一层，错落有序厚薄一致，按照固定坡度铺装。两侧屋檐要有专人负责，也称"拿檐子的"，要掌握厚度和整齐度。然后逐渐向屋脊拍苫，封屋脊时同样由专人负责，也称"拿脊的"。这是一项技术活，要求收得紧

盘锦境内老房子屋脊　张明　摄

实齐整，与房梁连接结实，并做出造型，封脊的好坏直接决定使用寿命。拍苫结束后，会用黄米米浆浇洒在屋面，起到引流雨水、防腐的作用。现今来看，拍苫技艺从原料加工到成品，需要十几道工序，且完全由手工完成。有的拍苫房维护得当，最长可经受七八十年的风雨也不损毁。虽然拍苫工艺流程不见著述，也未有资料详记，但长期以来，已牢牢地印在当地劳动人民的心中，靠的是言传身教，凭的是个人悟性和长期实践，才能系统掌握。

　　拍苫技艺是下辽河一带人民为了生存创造并完善的一项传统技艺，其制品是当地典型的文化载体，为此区域文明的延续发挥了不可磨灭的作用。同时也给人们带来了视觉上的美感，已经成为无法忘却的乡愁。

皮雕/兴隆台皮具制作技艺

兴隆台皮具制作技艺是本地传统文化中较具影响力的一个门类，始于车马具及皮衣制作，是20世纪早期盘锦区域传统手工业的重要组成。

皮具制作历史久远，源于民间皮具作坊。较为典型的两个用途，车马具和皮箱包。1910年，手工皮具第一代传承人张喜侯和孟宪芝创立了张聚兴号，靠做皮具和马具维持生计。张喜侯擅长描花样和制版、熟皮、小五金制作，孟宪芝擅长缝制。张聚兴号属家庭管理，发展到后期家中有船10艘，通过辽河往返于台安盘山、营口。1935年，张喜侯在辽河盘山境内吴家段带船运货，被土匪绑票，家境走向败落。张喜侯为重振家业，去黑龙江倒腾皮货，生意再次红火，由孟宪芝在家经营，并请有多名帮工，名气越来越响，规模也在扩大。因水路交通方便，为了便于货物运输，1940年张聚兴号从台

皮具制品　张文华　供图

皮雕《五王醉归图》局部　张文华　摄　　皮雕《五王醉归图》局部　张文华　摄

安县城迁至新开河河西今张荒地村，成为当地大户人家。1949年辽河发洪水，村子全部冲垮。孟宪芝将房地等变卖，上沈阳找儿子张绍先。张绍先早年参加八路军，在解放沈阳时受伤，一家人在沈阳团聚。第三代传承人张文华（1964年生人），为张绍先最小的儿子。儿时在父亲和奶奶的熏染下，对手工皮具情有独钟，从熟制到制作五金等工艺均了然于胸，已完全掌握皮具手工制作技艺。因张文华有稳定工作，相关技艺传承曾一度停止。2009年，为了留住祖辈的念想，靠着回忆，拾捡起家传的手艺，利用业余时间开展皮具和小五金制作，在圈内小有名气。

兴隆台皮具制作技艺具有传统特色，同时符合现代审美。相关技艺简述如下：一是取材。雕花皮具多选用生熟黄牛皮和驴皮。二是制作工艺。可分：定型、定款、放样、修整、选料、下料、设计花样、定花、描图、走刀、雕花、起鼓、上色、防染、油染、镶嵌、定色、预封边、上胶、上拉链、下里子、配里子内件、内部处理、上斩、镶片、上五金件、缝合、封边、整型、润色。一共30道工序。

1. 定型。主要是对所要制作的物件的大小确定，形式确定。

2. 定款。想做什么，款式的确定，如手包还是手夹。

3. 放样。对所定形式、款式进行纸上画图、修改并下料。

4. 修整。对所下的放样进行缝制（用胶水），如果发现问题进行小的修整，然后再组合，再发现问题，再修整，直到满意为此。

5. 选料。用料较广泛，皮革的种类也很多，多是依据顾客的需求，为制作皮具选取面料用厚度，也有顾客自己提供材料的。如果是雕花一般都采用植鞣革，素面材料较多，各种动物皮革都能采用。

6. 下料。对所做的放样，在所选皮子上下料，这处的讲究不少，动物身上的皮革，每个部位都有各自的特点，变形、上色都不同。

7. 设计花样。需要皮雕图案大多华丽。样式自由多样，但以唐草为主，以老虎、凤凰、孔雀、荷花、莲花等吉祥图形为辅，不受规则限制，多与民俗有关，取吉祥之意。飞禽走兽、花鸟鱼虫，凡图必有意，凡意必吉祥。皮雕要求做工精细，齐、顺，体现浮雕的效果。

8. 定花。花样设计好后，定出花样的位置和大小，以便后续工作的顺利进行。

9. 描图。用设计好的图，在打湿的皮革上，用铁笔将图复制在皮革上。

10. 走刀。用皮雕专用刀，在皮革上走出刀线（切透皮子1/3，为下一步的雕刻做好准备）。这一步要求线条一定要流畅、到位。

11. 雕花。这一步是重点，要采用多达几十种的专用工具在皮革上，在刀线外进行敲打塑形，它是体现皮雕、皮具加工的重要手段，以达到其美学效果，给人以不一样的感受。

12. 起鼓。多数皮具作品都会用到此工艺，也是最能体现皮具优美的一项工艺。起鼓也分多种形式，有加内心的、削薄的和直接起鼓的，效果各有不同，在做表带上多用加心，在做手包上多用削薄。

13. 上色。待雕花皮革干后，要对其进行上色处理，以期达到更好的效果，上色也是一项重要工作，所用材料多为酒精染料、盐基染料，也分单次上和多次染，效果不一样。

14. 防染。这是在为皮革的防脏和油染做准备，往往一次不能达到目的，需三次才行，每次还要干透，约一天时间。

15. 油染。这是皮具的保护和皮雕后效果体现的重要一步，采用的是高级油料，对皮革进行养护，并得用油染的色着体现皮雕线条美，是皮具制作很重要的一步，对最终效果的好坏起到非常重要的作用。

16. 镶嵌。皮具和金属（或其他皮革、宝石等材料）进行有目的的组合会产生意想不到的效果，提升皮具本身的价值方法也是多样的。

17. 定色。是为前期工序进行固定化，以免在后续工作中对其造成不必要的影响。

18. 预封边。在前期下料中皮子边缘会出现毛边，对皮具的整体有较大的影响，采用封边液、磨边液对边部进行预处理，以便使最后的封边更方便，效果也更好。

19. 上胶。对前期制成的单片成形皮革进行上胶，是缝制前的必要工序，一般现在采用狗头牌胶水，过去都是自己熬制的骨胶。

20. 上拉链。

21. 下里子。皮具一般都有内里，下里子也是一项很复杂的工序，原则上同下料一样是要放样的，这样才能保证里子与皮面的配合严紧，在缝制时不会对不上口。

22. 配里子内件。在里子上多数都要有隔断、内包、标志等，需要提前做好，为下一步的缝制做好内部准备。

23. 内部处理。其实内容很多，上胶、内里子缝线都在这一步进行。

24. 上斩。这是皮具制作的特殊工序，由于皮革厚硬，不通过这步无法缝制，这里要重点使用好斩的间距，使缝制出的皮具规整，打斩前要先画线定位，上下片对齐，还要对斩的深度、角度进行控制，必要时双面打斩或转孔，也有用冲子代替斩的，冲子打斩可作为皮绳缝制用。

25. 镶片。这时的皮子已到了片成品阶段，需对每片进行组对，这时很检验前期工序的质量，否则对口难度大，变形。

26. 上五金件。扣、带环、折叶、锁都在这时组对。

27. 缝合。这是最关键的一步，缝合方法和使用的线都有很多种，过去由于线的不同多用牛肋缝合，现在采用线缝。

28. 封边。缝好皮具，把裸露在明处的皮边切面进行修饰，避免皮边散口沾染灰尘。包括折边、油边、光边等多种技法。

29. 整型。缝合后的皮具的各方面还有不如意的地方，采用各种手段对皮具的整体效果进行修正，取得最好的效果。

30. 润色。这一步是对皮具的手感进行处理，也是对皮具的一种保护，使之成为一件完美的艺术品。

民　俗

民俗可拆开理解，所谓民，你我皆为民；所谓俗，相沿成习，相约成俗。辽宁民俗专家江帆老师如是解读。

生产及商业民俗 / 辽河口渔家菜特色食材
加工技艺与食俗

　　辽河、大辽河、大凌河等河流注入渤海，堆塑而成辽河三角洲，现今面积约5200平方公里，系大体呈扇状的复合三角洲。辽河三角洲位于辽宁省西南部，盘锦市占据其核心区域。因地处海隅、九河下梢，历史上这一地区政治、经济与文化均欠发达，使之难有皇家贵族，士绅阶层亦形成较迟。然濒海临河，苇草丰富，兼具鱼盐之便利，这一地区也素以"好混穷，有吃烧"著称于史，从而形成了以平民为主体的人口结构。这样的人口特点，使该地区居民的日常饮食主要取之于地域食材，烹饪手法则又融合了关内外各地区

蛤蜊岗拾蛤　辽河民俗博物馆　供图

出海　宗树兴　摄

　　的风格，最终于漫漫时光中孕育了别具一格的地域菜品，即辽河口渔家菜。

　　辽河口渔家菜的发育历史悠久，几乎与这方土地上的历史保持同步发展。1982年全国第一次文物普查期间，考古工作者在新石器时代的北沙岗遗址采集到一件陶网坠。证明先民们聚居在俗称"坨子"的高岗地上，迎来第一缕文明曙光。据《海城县志》记载，辽河"冬令所产之黄鱼、白鱼、银鱼、冰蟹等物为清时贡品"，且"运销各埠"。其中冰蟹素为"钟鸣鼎食之家"所喜，"辽沈各地多购以为馈献珍品"。后期随着更多地区的各民族移民辗转到这片土地上，借其濒海临河之利，顽强地谋生求存，伴随民族文化交流的渐次深入，导致其日常饮食上的相互交融，烹饪手法也相互取长补短，使辽河口渔家菜制作技艺在此期间得到了持续的深度发展。

　　举凡河口地区，皆是水文条件良好，渔业资源充足，辽河口也不例外。河口为子民们提供最为新鲜味美的食材，与其说一方水土养一方人，不如说受制于环境和资源。饮食的背后蕴藏着丰富的渔猎文明，食材的获取、运输、保存、加工、商贸和食用，无不折射出鲜明的辽河口特征。辽河口渔家菜的食材均来源于地产，其中海鲜取自史称"聚宝盆"的渤海辽东湾，核心产地是二界沟；河鲜取自辽河、绕阳河、大辽河等河流及潮沟，核心产地是

二界沟海上捕鱼　宗树兴　摄

诸河两岸。每年3月破冰开海之际，海洋的馈赠幻化为盘中珍馐，独有的盐碱地、120天的光照期让此地的大米粒粒珠玑、颗颗飘香，与水稻同步的更有膏满黄肥的河蟹。"生吃螃蟹活吃虾"的卤货也是鲜美。苇塘里的河鲜、圈养的野味、两河水的鲜味恣意搭配，原因无他，无外乎新鲜应季；收藏和演绎是辽河口人顺应自然的必然选择。早年间枯草遍地的荒滩、冰冻三尺的河床，女主人从孩提时就得习惯收藏味道，借以度过漫长寒冷的冬天。具体形式为风干、盐藏、窖藏、冰藏、发酵，其间有对本味的追求，有顺应时令的妥协，有民间智慧的体现，也有"酱遇良材"的蜕变，更有平民创造的奢华。

辽河口渔家菜是依托独特地理环境而产生的制作技艺，其食材均属地产，食材以海鲜、河鲜为主；擅长扒、熘、烧、炸、烩等30余种技法；可制作海蜇炖肉、文蛤手撕茄子等40多种代表性菜品，具有偏重鲜香、兼求偏味的特点，有着融会改良、即席烹制、注重营养的风格特色。丰富的鱼虾之利和长久的渔猎活动，使辽河口地区的民众于岁月中将海河之鲜的烹饪技艺几乎开发到了极致，并在代代相传中将其日益完善，进而出笼了一道道风格独特的传统菜品。这些经典菜品不仅折射了该地区民众的集体生活经历，更是

晾晒毛虾　辽河民俗博物馆　供图

印证了海洋与河流赋予人们的隆恩重典。

"沤鱼"制作方法古朴，大致有两种，一是将鲜鱼打鳞去内脏，切成段，放盖帘上置阳光下曝晒，晒到肉色变红，并飘散出淡淡的腐坏味道；二是将鲜鱼收拾干净后，略加点盐腌上一宿，次日晨用草绳将其逐条穿起成串，再挂到房屋的南墙上去，让其在阳光下缓缓变质。"沤鱼"的主要吃法要经过"煎"，可直接煎熟，再配高粱米水饭，非常爽口。也可炖食，炖食必佐以干红辣椒，锅盖掀开之际满室异香，入口之时亦是回味无穷。与此相类的，还有人们对虾酱、虾油的热衷，两者均属偏味，也是辽河口渔家菜制作技艺的经典味道。"锅煲鱼"制作方法是将鲫鱼洗净，把大铁锅烧热，铺一层鱼到锅里，两面煎至微黄微干，将其铺到盖帘上，在阳光下晒到干透，再拿网衣子收起，挂到阴凉处，以后随用随取。在青黄不接的冬季，入锅慢火熬炖至乳白色浓汤，有产妇催奶之功效。平常食用以炖大白菜为特色，即在炖大白菜时抓几把锅煲鱼放锅里熬煮，味道鲜香，白菜也会随之变嫩。"海蜇炖肉"，海蜇是辽东湾渔场的重要渔获之一，海蜇炖肉所用食材是纯正的鲜海蜇，未经明矾处理，这样的海蜇放在室外，几小时内即会融化成水，放入热锅中则化得更快。常年漂泊在海上的二界沟的渔民，发明了鲜海蜇炖猪肉。重点藏在焯水这一环节里，鲜海蜇焯水时加一点白醋，掌握好火候，焯好之

薄荷黄蚬肉　辽河民俗博物馆　供图

文蛤手撕茄子　辽河民俗博物馆　供图

蒲笋炖五花肉　辽河民俗博物馆　供图

海蜇炖肉　辽河民俗博物馆　供图

野鸭炖土豆　辽河民俗博物馆　供图

后即刻以冰水降温即可。这道菜素被二界沟渔民引以为豪，他们说这是皇上都吃不着的菜。原因无他：鲜海蜇无法在短时间内运到北京。"河蟹豆腐"，人们将"鼎食"河蟹粗暴地放在缸里捣碎，挤出汁来蒸煮，蒸成膏状，煮成蛋花，只吃蟹中精华。迄今野生河蟹虽不多了，但河蟹养殖业早已如火如荼，使这道精品得以传续。"蒲笋炖五花肉"归于广义的河鲜之列。人们将蒲笋晒干，冬季时以五花肉炖之，使之在纯正的清香之外，又添醇厚的肉香，味道由此更为丰富而缠绵，荣获"东北名菜"之誉。蒲笋这一地产食材荣登《舌尖上的中国2》。

辽河口渔家菜制作技艺浓缩了当地历史悠久的传统民间饮食文化，传承了北方地区河海之滨的渔家菜制作技艺，彰显了水陆边缘极富特色的民俗内涵，具有重要的历史文化价值、研究价值和社会价值。目前，第四代传承人张嵩、辛亚萍在积极挖掘整理辽河口渔家菜制作技艺的同时，结合辽河口本地食材，推出更多的辽河口渔家菜制作技艺菜式。在传承和保护传统地方饮食技艺的同时，探索实践食材与自然、饮食与文化的和谐路径。

商业民俗 / 田庄台庙会

　　田庄台镇坐落于辽宁省盘锦市大洼区东南部，是本境较早的商贸文化发祥地，2009年10月被评为辽宁省历史文化名镇。从明朝（隆庆前）至民国十二年，先后修建八庙一寺9座庙宇，香火绍远，庙会热闹。其中财神庙庙会、娘娘庙庙会、药王庙庙会、老爷庙庙会、鬼王庙庙会各具特色，这五个代表性庙会统称为田庄台庙会。从最初的祭祀、祈福功能到现在兼具祭祀、交流情感和贸易往来等诸多民俗功能，已延续了近3个世纪。

　　田庄台庙会与境内的庙宇息息相关，更与古镇的历史沿革有着必然的联系。大体可分为几个阶段。一是雏形阶段。崇兴寺（又名药王庙）内有一块清乾隆四十四年（1779）石碑，碑文记载："明隆庆万历时有刘普道父子重修之。"由此可推算，崇兴寺兴建要早于明朝隆庆年间，庙会因庙而生，这一时期也可臆断为田庄台庙会的雏形时期。二是演变阶段。旧时大辽河河运商贸的昌盛，带来当地经济的高速发展，直接造就了田庄台庙会的繁荣。田庄台"踞守辽河右岸，西望营口，东连锦州，南面渤海，成为控制敌船由海上入侵内河的要津"。有鉴于此，明洪武二十七年（1394），镇西3公里处就修建了烽火台，并有重兵把守。清咸丰八年（1858），清政府开牛庄为通商口岸，田庄台遂成辽河水运码头。从清朝中叶至民国年间，田庄台是本境南部经济、政治、文化中心和军事要地，是在省内外有很高知名度的河口码头。古镇田庄台得到当时清政府的极度重视，这一时期田庄台经济极大繁荣，俗话讲"铜锣一响，黄金万两"，富足的商社为了更大获取商业利益，会花钱召来喜闻乐见的民间文艺表演，从而更好地吸引人气。庙会的繁荣成为历史发展的必然，这一阶段是田庄台庙会的鼎盛阶段。三是延续阶段。因战乱及地震等原因，境内寺庙破坏严重，庙会也曾一度停止，直至20世纪

田庄台关帝庙庙会全景　刘杰　摄

90年代初逐渐复苏，一直延续至今。长期以来，每年农历四月十八（娘娘庙庙会）、四月二十八（药王庙庙会）、五月十三（老爷庙庙会），虔诚的善男信女，烧香拜佛，祈福、还愿。同时带动商贸集市空前繁荣，海货、小百、日用品等品种繁多、不胜枚举。据统计，2010年三天的老爷庙（关帝庙）庙会，就有8万余人次参与。

田庄台庙会是当地民俗文化赖以生存的文化空间，涵盖民间信仰、民间戏曲、民间舞蹈、民间饮食、商贸活动等多种民俗类别，本地区数十种非物质文化遗产资源孕育其中，是一个立体的、活态的民俗舞台，使得本地区很多表演类民间艺术得以留存。庙会上舞龙、秧歌、唱大戏，好不热闹。每逢庙会，盘锦市的田庄台龙舞、高跷秧歌等都会受到邀请来此表演，深受人民群众的喜爱。更有田庄台小吃摊，集中依托庙会的集市功能，传承百年不衰。

　　"社会"一词，"社"为祭祀，"会"为集会。社会的形成是人类从文化向文明过渡的重要标志。不同于其他内陆庙会，田庄台因河运商贸而兴，造就庙会以水、以商贸为主题的鲜明特色。庙会的发展，极大地活跃了本地区城乡精神文化生活，对当地经济和谐发展有着不可估量的现实作用，同时满足了人们对心慕神灵的崇拜，具有较强的社会价值。

商业民俗 / 二界沟网铺

　　二界沟渔业捕捞历史久远，网铺发源稍晚。网铺作为渔业生产的民间组织，有着非常健全的组织架构和运营模式，在北方海洋文化中发挥了桥梁传递作用。

　　现今的二界沟，"网铺"一词已逐渐让人淡忘。网铺必须具有三个硬件：船、场地、顺风旗。旧时，船是奢侈品，船代表着商业资源，当地有"有船就有网铺"一说；场地是织网补网、海产品加工销售的场所；顺风旗则是网铺的商号标志，要与自家渔船桅杆上的顺风旗一致。外地的老客来到二界

冬季的二界沟船坞　张明　摄

沟，看到有场地、有网、有旗，就知道是网铺。

二界沟网铺的历史沿革，几乎与二界沟历史同步发展。盘锦有记载的大规模的渔业捕捞始于明清，渔民聚集一起开展捕捞，网铺具备雏形；发展到清道光十年（1830），渔船开始搭伙捕捞，以增加收益，规避风险，二界沟网铺真正形成。另外，部分有资金实力的商户见有利可图，也下海捞金，在二界沟置网置船，开港设铺，雇人使船，捞鱼捞虾，先后成为当地的资本家或业主。大小网铺陆续出现，成为当地渔捞行业的中坚力量。二界沟网铺这种集船员管理、渔获加工销售、补网修船于一体的传统渔业模式空前繁荣。其间，"二界沟有大小网铺52家，大者三四条船，五六十名渔工，小者一两条船，二三十名渔工，年捕捞鱼虾达五六十万、二三十万斤不等"。渔捕技术、海产品加工技术在此阶段得到显著发展，其海产品通过水运陆路畅销至奉天、黑龙江、长春等地，尤以毛虾、海米最为著名。网铺的效益不菲，素有"日进斗金"之称。1939年，日本侵略者为掠夺中国海上资源，以投资的方式，在二界沟成立"二界沟水产株式会社"，插足二界沟海洋捕捞渔事经济活动，许多网铺步履维艰。至1945年，二界沟仅剩不到20家网铺维系。20世纪80年代初，网铺的概念逐渐被弱化，但网铺的功能和具体形式仍在延续。可以说有船的渔民还在执行网铺的生产方式，随着机器织网的普及、渔政新规的出台、人们价值观的转变，传统的网铺功能已被分解开，在二界沟以散落的形式传承下来。

二界沟网铺与当地渔事生产、渔俗活动相互依存，紧密相连。从生产方式上来讲，可分为渔捕生产、渔获加工销售、渔具（船网）修复3个部分。海产品加工以毛虾加工为例，对于从事渔业捕捞毛虾生产的二界沟人来说，这是逢临了特殊的节气，有俗语称"宁可忘了爹和娘，不忘五月十三橹"。二界沟网铺的网东们相当重视这个节令，这时节里，海里的毛虾五月十三前后个体长到最肥大，马上要产下下一代了，这会给二界沟网铺带来收获的喜悦。毛虾产量最大，必须及时加工，为防变质，渔船靠港后，第一时间装篮入锅，在锅灶上加盐煮熟，捞到篮子里控卤。白天晾货、筛掉杂质，用苇席包包好，才可销售。这一过程称为"炸毛虾"。另有三矾海蜇、打海米、卤虾油、卤虾酱、晒鱼干等海产品加工，皆在网铺进行。

二界沟网铺遵从天人合一的理念，所进行的生产活动多是敬天畏海、人

补网　夏建国　摄

海相合，对海资源索取不过分，秉持可持续发展的理念，这种保护自然、永续利用的做法时至今日仍可借鉴。网铺的渔捞生产、加工生产、网具生产伴随着渔村一代又一代人，凝聚着渔民的智慧和心血，许多技艺带有不可复制性。网铺遗留下来的祭祀活动和民俗文化更是一笔宝贵的遗产。据老渔民回忆："一位老网东每逢年三十都会爬到屋顶上，观看各家的烟囱。如发现不冒烟的烟囱，便会差人送去年货，帮其渡过年关。"网铺承载的不仅仅是技能与经营理念，更是二界沟渔民对生活的态度。

岁时节日民俗 / 田庄台古镇河灯

　　七月半河灯在辽河的起源暂无从考证，真正意义的兴起是1895年。是年3月7日，甲午中日战争最后一战在田庄台打响。日军利用冰封辽河之便利，突破辽河屏障，从三个方向进攻田庄台。9日上午攻入田庄台，为防止巷战消耗，遂残忍火烧古镇，一夜之后房屋民船多成焦土，军民伤亡惨重。是年农历七月十五，人们聚集辽河放灯祭祀亡灵，并相沿成俗。中元节，《盘山县志》礼俗篇如是记载："七月十五日为中元节，家家扫墓致祭，是晚僧道亦皆击鼓鸣钟，口宣法语，放灯于河，超度亡魂，名曰盂兰盆会。"下辽河流域旧时自然环境恶劣，民众在水边求生求存，难免发生意外。祭祀逝者的

放河灯　张明　摄

放河灯　张明　摄

方式势必与水有关，想来河灯由来已久，只是甲午战争田庄台战役过于惨烈，将这一习俗放大并影响至今。

河灯，也称放河灯。下元节为民众和佛教道教共同的节日。七月半河灯并不局限于田庄台镇，上游的古城子镇、新开镇、西安镇，下游的二界沟皆有此习俗，意在当晚让漂泊在外的先灵水路返乡，有堪以照明引路的灯光。同时也有"送"之意，让不如意和疾病随水流走，远离自己。久而久之，在辽河右岸相约成俗。几经演化，如今的河灯由关帝庙组织、信徒参与，集合节日习俗、宗教祭祀、祈福还愿等多项功能，具有显著的河口特征。2013年，田庄台的河灯文化被列入第三批市级非物质文化遗产名录。2016年8月17日（农历七月十五），笔者曾对关帝庙河灯进行调研，将流程概述如下，仅作记录。

下午2点，田庄台关帝庙内居士信徒聚集，折彩纸成莲花状，置短蜡于其中。其间有民众手写愿望黄纸，寄放于此。

晚6点20分，皎月初升之时。住持带领僧侣、居士、信徒携河灯从关帝庙步行至辽河岸边，其间法语不断。

晚6点40分，抵达辽河边平坦宽敞处，将祭品、香烛等置于条案之上，有仪式近30分钟。

晚7点20分，人群分两队面对面站立，有几人从仪式现场点灯，由人群传递至水边，远远望去如同逐个亮起。岸边有几人将河灯轻置于水面。水中有小船三艘，每船站一人，手持木杆，协助河灯入海，名为放灯人。

整个仪式庄严有序，送灯3000盏入水，方才停歇。辽河水面灯随潮动，如繁星落水流向大海。

民俗观念 / 二界沟渔家祭祀

　　二界沟渔村至今仍流传着这样一种习俗，在每年春季第一次出海前，渔民都会祭拜龙王。当地渔民将海龙王视为海神，系渔民的主要信奉。

　　清乾隆年间二界沟就有龙王庙，祭祀活动无从考证。清后期，祭祀活动都是由各家网东自行组织进行。他们带领自家的渔民，抬着供品，到海边把供品投入海中。民国年间，二界沟成立渔会，其间的祭海活动由渔会统一组织。20世纪80年代，随着个体渔业船只的大幅增多，渔民的祭祀活动方式多种多样，有的在海边祭祀，有的带上供品到大海里去烧香拜祭，还有的远赴锦州笔架山去祭拜海龙王。随着时间的推移，渔民祭海活动的形式和流程

二月初二渔民祭海　张明　摄

开海节抬供品上头船　于兴红　摄

不断变化，但较为突出的仍是开海祭祀，渔民群体通过祭祀展现自己对海洋的崇拜、敬畏、感恩之情，同时表达风调雨顺、海田丰产的朴素心理愿望。

近年来，为传承和保护传统开海文化，二界沟政府根据渔民群体开海祭祀这一习俗，以"传承渔雁文化，彰显地区特色，挖掘文化底蕴"为初衷，连续三年举办"二界沟开海节"，深入挖掘开海祭祀文化内涵，引导渔民文明祭祀、安全祭祀，宣传推荐渔家号子、地秧歌、海产品加工等海洋文化，使其逐步成为二界沟特色活动，从而推动当地文化和旅游的深度融合。

人生礼俗 / 新开龙凤花轿

　　抬花轿是古代婚礼民俗的主要部分，旧时民俗和信仰不同，加之封建社会的制约，喜轿制作比较简陋普通，大多以红色结合彩画为主调，风格迥异，有百里不同艺之说。新开龙凤轿坊起源于1860年，由盘锦市大洼区新开镇于楼村于氏家族世代传承，以鼓乐班与轿坊相结合的形式一直延续至今。

　　旧时辽河喜轿民俗盛行一时，最初以当地盛产的芦苇为原料制作喜轿，木质框，苇席顶，苇席身。左右编有喜字苇编花格轿帘。轿窗上色，桐油饱封，木质轿杆，轿顶4角系红绸花。轿夫4人身强力壮，粗布披肩，云卷洒鞋，打裹腿。新郎乘坐由轿坊提供的枣红马，马头系绸花，脖系铜铃响串，足蹬彩鞍，有马夫随行，鼓乐吹奏《万年欢》《步步高》《抱龙台》等曲牌。1898年，第三代传承人于德伍师从田庄台杨家鼓乐坊，为于氏轿坊增加了文武式的礼仪习俗，即文式乘轿、武式骑马，于氏轿坊发扬光大。1968年，辽河油田落户于楼村，给抬花轿带来了新的机遇，出轿次数增多。20世纪80年代初，于树文将龙凤轿坊传给侄女婿霍延东，霍延东在轿夫、新郎、新娘、乐队服饰等方面做出创新。新开龙凤轿分龙凤两乘轿，4人抬和8人抬，轿身红幔翠盖，上面插龙戏凤八宝流苏，凤轿顶有麒麟送子图案，苇帘式轿窗可阴可阳，左右配大红喜字，后衬飞龙走凤图案，寓意龙凤呈祥。

　　迎亲仪式挑夫鸣对锣，鼓乐艺人用唢呐、笙、鼓、板、钹、锣等伴奏，由一童子撑红罗伞帐为新郎遮风挡尘，新郎所乘龙轿4人抬，轿夫装束整齐，打绑腿、披云肩，足蹬云卷靴；新娘乘8人抬凤轿，轿夫随鼓乐节奏颠轿，随时唱喊辽河号子，时起时落，声声有力；两名少女持日月双扇，迎亲双扇直立，代表阴阳结合。回时双扇合合，意义良缘已结。

　　接亲礼仪中，道具有天地凳、马鞍、火盆、喜秤、如意乾坤弓、红毡、

花轿接亲　霍延东　供图

红毯。天地凳防中途路远，有不沾杂尘、稳轿的作用。跨马鞍，"鞍"与"安"谐音，有平安之意。跨火盆，寓意烧去不吉利的东西，以后日子红火。喜秤寓意称心如意。红毡两块数尺，上轿下轿专用。

商业民俗 / 沙岭大集

辽宁省盘锦市盘山县沙岭镇因聚金沙成坨岭而得名，历史上就是域内政治、军事、文化、商贸重镇。

沙岭镇底蕴丰厚，历史久远，是红山文化支脉。明洪武十八年（1385），建成西平堡，并设驿站，亦是明代辽东、辽西重要的军粮仓库。沙岭镇位于辽河与大辽河的三角地带，外辽河在东侧逶迤而过，地处水陆要冲，镇内曾有郑坨子码头、后壕码头、马道口码头等辽河码头。清初期，货船由此上达吉林省三江口，下经海路到山东、河北两省，是官民储存、转运粮食等重要

民国时期沙岭大集的草鞋市场　盘锦市档案馆　供图

1984年的沙岭大集　刘春喜　摄

物资的码头，是下辽河早期最兴盛的航运码头之一。独特的地理位置、繁荣的陆河运输孕育了历史悠久的商贸习俗，当地也称沙岭大集。其习俗涵盖众多，影响深远，北方商业民俗特征明显。

沙岭大集起源可保守推测到咸丰末年（1861），此时辽河航运兴盛，货船上达吉林省的三江口，下经海路到山东、河北两省，使得沙岭成为辽河早期较为繁荣的陆河码头。沙岭大集于码头附近已然成型。20世纪50年代，沙岭大集曾是辽宁省内"三大"万人集市之一、全国58个最大集市之一。20世纪90年代，沙岭大集仍是盘锦东部地区最具影响力的集市。随着辽河航运的衰退，加之现代交通物流的发展，沙岭大集逐渐衰落，渐渐演变成乡镇级市集，一直延续至今。2015年12月，

恒祥号商店传承下来的印信（章）

崔国文　摄

2015年沙岭镇露天市场　阚文臣　摄

盘锦市政府将沙岭大集列入市级非物质文化遗产代表性项目名录。据调研，目前仍长期参与沙岭大集活动的有"张家豆腐制作技艺""孟氏编织""吴氏草鞋编织"三项非遗项目，已被列入市级非遗名录沙岭大集扩展项目。另有百年老字号恒祥商店一处、传统木匠工坊一处。

沙岭大集集日属民间约定俗成，每逢2、5、8、10为集日。买东西被称为"赶集"，根据不同的时间，当地赶集有四种形式，即赶闲集、赶忙集、赶露水集和赶"穷棒子"集，大家遵守约定并相沿成俗；集市上销售被称为"赶会"，他们仍延续传统的生产销售模式，平时在家制作或准备，集日赶集销售且周而复始。这种古老的习俗依附于沙岭大集存在发展并一直延续至今，也成为盘锦地区最为传统的商贸习俗。

生活民俗 / 辽河摆渡习俗

　　纵观历史，河流两岸是人们赖以生存的最佳场所，亦是人类文明的发祥地之一。老话讲"隔河一里不算近，隔山十里不叫远"，旧时陆路交通不发达，人们往返于辽河两岸第一选择就是摆渡。用船载人或物过河，即为摆渡。

　　辽河通航历史悠久，有黄金水道之称。早在233年，东吴孙权就派遣庞大的船队，溯辽河北上，抵达辽阳。以后，有关辽河航运的记载屡见不鲜。辽河摆渡为民间生活所需，必然发端较早，且持续发生。至清中期，巨大的河运利益引起官方注意，清政府在下辽河顺河码头中设立官摆渡，大洼区西安镇小亮沟、下口子曾担此职位，并由牛庄防守尉衙门直接管理摆渡事务。田庄台则默认为河口码头，发挥现今港口之功能，辉煌了好一段时间。这一时期，上游的摆渡及航运被限制发展。民间流传有"穷三沟，富一台"之说，形象地道出辽河河运兴衰更迭。1858年清政府签订《天津条约》，牛庄开通商口岸。田庄台无奈地将河口码头转交没沟营（今营口），退居顺河码头。民谣"先田台，后营口"，也道出当地人在这一规律下的傲娇。清政府的退让却为民间航运提供了空间，加之辽河河道淤塞，出现"河船不入海，海船不入河"的现象，北方的大豆需由河船运到河口码头，同样南方的货物至河口需要河船转运入河。民间航船业兴盛，官摆渡则渐渐式微，仅发挥存放货物的功能。光绪三十年（1904），辽河航运有记载的往来商船2.2万艘。一批航船商应运而生，有甚者在上海"坐庄"经营。20世纪60—80年代，辽河航运已成没落之势。相反，河面上的摆渡则保持兴旺。后来随着陆路桥梁的兴建，摆渡才逐渐退出人们的生活。

　　不管辽河河运如何喧嚣，摆渡作为刚需一直存在于辽河水面，因摆渡而形成的风俗习惯至今仍影响着辽河右岸的人们。"约定俗成"也是区域内人

辽河摆渡船展示　刘杰　摄

们默认的隐形规矩，此讲究不是法律条文，皆是由人们在生活生产过程中提炼总结，并共同遵守执行，久而久之形成民风民俗。船是渔民家中交通乃至生活的主要工具。渡口的船分两种，一种以捕鱼为生，称渔船；一种以摆渡人或货物为主，称摆渡船。"打鱼的不摆渡，摆渡的不打鱼"，人们墨守这一规矩，绝非万不得已，两种船业务不会发生重叠。河边种地要留出三丈，给拉纤的留条纤道；河里下网要留道弯，给下游下网的人留个鱼口；逢红白喜丧，唢呐吹得多欢，见到要饭的也得停下来，让要饭的叫叫板，等等，这叫"规矩"，人与人的交往中形成的谦恭、包容、礼让，也是这块土地上的生存原则。

"辽河摆渡习俗"在2020年被盘锦市政府列入第六批市级非物质文化遗产代表性项目。为传承发展辽河摆渡习俗，保护单位排造6艘木船分别命名为"三汊河""银沙滩""顺河发""兰丰园""小林岛""绿水湾"，通过再现昔日辽河摆渡景象，积极探索文化旅游深度融合的有效做法，已然取得一定保护成果。

附　录

附录1 / 盘锦市非物质文化遗产保护
大事记（1985—2020）

1985年

1979年起，由文化部牵头，国家民委、中国文联等陆续发起了一项在全国范围内收集、整理、编纂和出版中国民族民间文艺集成志书的浩大工程。盘锦市自1985年始，省、市、县区、乡镇四级联动开展此项工程，分别为民间器乐曲集成、民间文学集成、民间舞蹈集成，简称"三集成"。时任国家"七五"重点科研项目《中国民间文学集成》总编委的乌丙安先生，在工程启动后带领调研团队扎根渔村二界沟，针对古渔雁文化开展调研，为辽河入海口总结了珍贵的文化记忆。

1988年

《中国民间文学集成（辽宁卷盘锦市卷）》（辽宁省宽甸县印刷厂）出版。

1990年

《中国民族民间器乐曲集成（辽宁卷盘锦分卷）》由沈阳图书馆印制。

1994年

《辽宁民族民间舞蹈集成·盘锦卷》（1994.2，辽宁民族民间舞蹈集成编辑部，春风文艺出版社）问世。盘锦市群众艺术馆孙学英老师、付素霞老师对域内民间舞蹈地毯式收集，跨越10年得以出版。

2005年

3月26日，国务院办公厅印发《关于加强我国非物质文化遗产保护工作的意见》。12月22日，国务院发布《国务院关于加强文化遗产保护的通知》。两个文件分别强调我国非物质文化遗产保护工作的重要性和紧迫性，明确非遗保护的工作目标和方针，制定"国家 + 省 + 市 + 县区"四级非遗保护名录体系，为申请各级非遗保护名录项目（以下简称：申遗）提供了政策支持和理论指导。2005年亦是盘锦市非遗保护工作的启动之年。

2006年

5月20日，国务院公布国家第一批非物质文化遗产代表性项目保护名录，盘锦市大洼县二界沟镇"古渔雁"民间故事名列其中。

6月3日，《辽宁省人民政府关于公布第一批省级非物质文化遗产名录的通知》下发，盘锦市"古渔雁民间故事""民间香蜡制作技艺"两项非遗被列入辽宁名录。

2007年

3月2日，盘锦市文化局印发《关于成立盘锦市非物质文化遗产保护中心的通知》，中心主任由市文化局局长兼任，业务副局长任副主任。保护中心设立办公室，组织实施非遗保护工作，市群众艺术馆业务人员负责具体工作。

3月，盘锦市开展全市非遗资源普查工作。

2008年

6月7日，《国务院关于公布第二批国家级非物质文化遗产名录和第一批国家级非物质文化遗产扩展项目名录的通知》，盘锦市大洼县西安镇"上口子高跷"为第一批国家非遗项目高跷的扩展名录项目。

6月19日，《盘锦市人民政府关于公布第一批市级非物质文化遗产名录的通知》下发，古渔雁民间故事等7项非遗列入盘锦市首批非遗名录。

10月30日，辽宁省非物质文化遗产保护中心副主任谢俊成一行三人来盘锦市调研，对盘锦市非遗普查工作督导检查。省督导组对盘锦市非遗普查工作给予了充分肯定。同时，对保护工作中存在经费紧张、人员匮乏等问题提出指导意见。

2009年

5月19日，盘锦市文化局召开全市非物质文化遗产普查工作会议，副局长、市非物质文化遗产普查工作领导小组组长对全市普查工作进行了全面部署。

经过充分筹备、层层发动、培训提高，市、县区、乡镇（街道）共组织普查人力600余人，走访群众1.5万余人次，范围遍及全市所有的29个乡镇26个街道323个行政村128个社区，共收集15个类别的线索303条，经认真筛选，科学论证，初步认定11个类别61条为盘锦市目前的非物质文化遗产资源总量。按不同类别资源数量多少排列为：民间文学23条，民间舞蹈7条，民间美术6条，民间手工艺5条，消费习俗4条，民间信仰4条，传统中医4条，曲艺3条，游艺、传统体育与竞技2个，岁时节令2个，戏曲1条。通过普查，市、县区共整理普查档案40册，收集图片500余张，音像资料44小时。印制《盘锦市非物质文化遗产资料汇编》5卷，20万字。完成了市级项目及重点线索的数据库录入工作。绘制了《盘锦市非物质文化遗产普查线索分布地图集》。盘锦市非物质文化遗产档案归档立卷框架同步完成。普查结束，辽宁省文化厅社文处苑鹏奇处长、省非物质文化遗产保护中心胡柏副主任一行来盘验收并指导工作。盘锦市非遗普查工作在全省范围内率先完成，获省文化厅专项表彰和奖励。

2010年

2月28日（庚寅虎年正月十五），盘锦苇草编织品展在兴隆台区世纪广场举办。展览集"展、赛、卖"为一会，在元宵佳节之际，集中展示盘锦市的苇草编织手工技艺。从筹划到实施历时2个月。共有6家单位16人参加展览，展出作品154件。

10月28日，盘锦市文化局下发《关于申报第二批市级非物质文化遗产名录项目的通知》，文件首次提出非遗的两个属性："盘锦地区文化创造力的典型性、代表性。"并参照省文化行政部门文件，明确盘锦市非遗的申报程序。基于非遗普查的基础，组织县区申报。共收两县两区上报县（区）级非遗项目7项。

2011年

1月6日，《关于同意将盘锦鼓乐等列入市级第二批非物质文化遗产名录的批复》文件下发，公布盘锦市第二批市级非遗保护名录。"盘锦鼓乐、田庄台庙会、盘锦永顺泉白酒传统酿造工艺、盘锦民谣、老胡家烧鸡"5个项目列入名录。

2013年

9月29日，盘锦市文广局召集"盘锦市非物质文化遗产保护专家库"成员，召开市第三批非物质文化遗产代表性项目名录专家评审会。专家认真审核、讨论热烈，对每个项目均给出评审意见，并对个别项目名称进行修改。经过充分讨论和严格评审，满族民间服饰、盘锦核雕、盘锦刘坤剪纸、盘锦苇画、绕阳湾渔猎技艺、新开舞狮、田庄台古镇河灯、大洼掇绣、刘家果子制作技艺、大洼稻占技艺10个项目获得专家肯定，建议列入盘锦市级非物质文化遗产推荐名单。《盘锦日报》对专家评审会做专题报道。

10月15日，盘锦市人民政府下发《盘锦市人民政府关于同意将满族民间服饰等列入市级非物质文化遗产名录的批复》，第三批市级名录正式公布。《盘锦日报》连续5篇专题报道名录项目。

2014年

1月开始，盘锦市电视台《海韵河风》栏目组对本市23个市级非遗项目逐一开展现场采录工作，同时进行项目系列专题报道，每周二晚6：40播出一期。

1月3日，在盘锦市图书馆一楼举办"满族民间服饰·刺绣艺术展"，为期一个月。

2月13日—15日，由辽宁省非物质文化遗产保护中心、盘锦市文化广播电视局、兴隆台区人民政府共同主办的"辽宁盘锦2014年元宵节首届全省非物质文化遗产保护项目展销活动"圆满完成。集中展示了全省各地各类传统美食小吃、传统工艺美术制品。让传统文化与老百姓零距离接触。

3月始，按照分管文化副市长要求，围绕二界沟排船、田庄台小吃，开展渤海辽东湾沿海地区传统文化的收集整理工作，尤其加快二界沟排船申遗工作。市非遗中心对二界沟的造船、捻船、祭海、冬季休渔、补网、出海下坞等活动进行调查，对虾油虾酱制作、凤桥传统白酒酿造、海产品加工等开展收集整理工作。协调当地文化部门调查，筹备项目的非遗申报工作。将二界沟排船增补进第三批市级非遗名录，并申报省第五批名录项目。根据实地调查，撰写《辽东湾海洋非物质文化遗产保护工作的思考》调研报告，并荣获第三届中国非物质文化遗产保护（舟山）论坛二等奖。后经修改发表于《盘锦日报》，题目《辽东湾海洋非遗：开发中亟待保护》，获市委主要领导批示。

3月19日，盘锦鼓乐市级代表性传承人曲洪生、李东亮等一行10人到省非遗保护中心开展盘锦鼓乐的抢救性记录工作。收录工作为期2天，收录传统曲牌23首。录制现场，盘锦鼓乐的曲目得到省非遗评审委员会委员杨久盛老师的认可和表扬。

2015年

3月12日下午，"巧夺天工"——盘锦非物质文化遗产走进大工系列活动正式启动。同步小亮沟苇编体验展在E02大学生活动中心举办。小亮沟苇编的传承人与盘锦校区师生面对面交流，探讨非物质文化遗产的保护和继承，展示奇妙的苇编手工技艺。活动采取"非遗特色课堂、聘传承人为客座教授、收购非遗作品"等多种形式，常态化开展非遗进校园工作。

4月—10月，盘锦市非遗中心带领本市非遗项目"小亮沟苇编""盘锦刘坤剪纸""盘锦民间满族服饰"等项目，开展了8次进校园活动，活动对象分别为大连理工盘锦校区和盘锦职业技术学院的在校大学生。传承人唐恒、张立新、刘坤分别在活动中举办了沙龙讲座和手艺、作品展示，深得广大大学生的好评，8次活动共计吸引在校大学生1.2万余人次参加。

5月—9月，组织市级非遗项目"刘坤剪纸"传承人刘坤及其徒弟来到兴隆台区景安、景宏社区开展非遗进社区活动。

9月17日，辽宁省非遗中心组织省级非遗项目走进大连理工大学盘锦校区，省内10个非遗项目在E3楼演播大厅集中展演。其中包括高跷（上口子高跷）、沈阳相声、辽西木偶戏、铁岭二人转、海城喇叭戏等传统文化项目，内容丰富，活动精彩。

10月，盘锦市非遗中心组织辽河口渔家菜调研。经过45天的实地调研，行程2800公里，对107道菜品进行细致了解，并将食材与辽河入海口的环境、资源、气候等联合分析，从食材的获取、加工、存储方式入手，了解盘锦市民间饮食文化的主要内容，挖掘其背后的文化内涵。

12月31日，盘锦市人民政府下发《关于公布第四批市级非物质文化遗产代表性项目名录的通知》，辽河口渔家菜等10个项目被列入名录。

是年，认定盘锦市首批市级非遗代表性传承人26人。

是年，在中央专项补助经费的支持下，国家级非物质文化遗产项目高跷（上口子高跷）在盘锦乡镇社区进行13场公益性展演，足迹遍布西安、东风、新开、新立、太平、大洼镇、新兴等地。市文化工作会议中，"上口子高跷秧歌"全市展演活动被列为盘锦市 2015 年重点活动之一。

2016年

2016年初，印制《寻味辽河口——辽河口渔家菜探寻》画册。画册内容在辽河口博物馆微信公众号分集推出，受到社会各界的一致好评。

1月19日，盘锦市盘山县第四届绕阳湾冬捕渔猎文化节举办，头鱼一改拍卖的形式，无偿赠给盘山县太平敬老院。

1月29日—30日，8家田庄台小吃和海涛卤蟹参加"辽河口渔家菜非遗美食走进沈阳万象城"活动。

2月10日，中央电视台九套《过年》播出，深度报道二界沟虾酱制作技艺、二界沟号子两项非遗。

2月16日，分管文化副市长到市群众艺术馆调研；以"辽河口文化的艺术创作"为主题，在市文化广电局二楼召开座谈会；针对筹备5月份插秧节一事，明确以本土非遗为主，进行非遗"总结传统、创新形式"的讨论。

2月25日，联合市电视台《海韵河风》栏目组，在二界沟码头开展二界沟渔家号子抢救性记录工作。现场对"编舵、拉网、抬橹、装橹、打橹"五种号子进行视频采录。

3月15日，"中国·盘锦二界沟开海节"如期举办，渔家祭祀、船工号子、地秧歌、上口子高跷、田庄台舞龙等市级非物质文化遗产次第表演。

同日，中共辽宁省委党史研究室影视中心启动大型文化纪录片《辽河口》拍摄，当天贾桐树老师一行6人对开海节、苇画、排船等非遗项目进行拍摄。

3月29日，辽宁省非物质文化遗产保护中心尹忠华、曹洋等四人到古镇田庄台调研。

5月21日，"中国盘锦第三届插秧节——大型原野情景展示《印象辽河口》演出"成功举办。演出亦是对本域百年前生产生活场景的艺术再现，盘锦市非遗项目成为活动主角，多名项目代表性传承人参与展示。

5月28日，中国非物质文化遗产保护中心原副主任、中国艺术研究院文化发展战略研究中心副主任郑长铃来盘调研二界沟排船。

7月13日，辽宁省非遗中心王吉祥主任一行7人来二界沟调研渔雁文化。

10月3日，中央电视台新闻频道《大国工匠》张兴华专集播出。

10月9日，央视纪录片频道《天下妈祖》播出，以辽河口最北的海岸线为开篇，二界沟排船、绕阳湾冬捕文化在节目中被详细报道。

10月19日，伊玛堪皮影戏《西温莫日根》全国巡演走进盘锦市，当天17时在大洼区西安镇文化站盛大演出。

12月，盘锦田庄台小吃文化研究会建立。

是年，非遗项目参与中国盘锦首届开海节活动、田庄台关帝庙庙会民俗活动、稻草艺术节活动、红海滩旅游周活动、2016大美盘锦行直播活动。

是年，大型文献纪录片《辽河文明》在盘拍摄。

是年，新华社、《中国国家地理》杂志、辽宁电视台先后报道木船文化。《辽宁日报·发现版》二界沟地域文化系列专访，宣传报道4篇。

2017年

1月15日，非遗项目田庄台小吃、盘锦刘坤剪纸参加盘锦盘山太平乡村春晚。

1月28日（正月初一），中央电视台九频道播出六集纪录片《我的记忆我的年》第一集，讲述省级非遗项目二界沟排船制作技艺代表性传承人张兴华的故事。

1月30日（正月初三），中央电视台九频道播出六集纪录片《我的记忆我的年》，讲述田庄台小吃（刘家果子制作技艺、宝发祥、老胡家烧鸡、王把粘食），向全国观众展示古镇田庄台的饮食文化。

2月10日—12日，"辽河口风情——2017元宵节盘锦非遗展示活动"在鹏欣水游城举办，活动共有48项各级非遗参与展示。

2月21日，《辽宁日报》报道，盘锦上口子高跷去年在国内演出100多场。

5月6日，非遗项目参加"再现辽河渡 上口观古今"起锚仪式。

5月22日，辽宁文化资源建设服务中心副主任郑直一行到盘，开展传统工艺美术类非遗项目调研工作。

5月30日，承办辽宁省首个"文化和自然遗产日"非遗展示展演活动盘锦分会场活动，非遗进大洼新立杨家村和端午节庆祝活动同时举办。

6月3日—4日，辽宁省政协委员王庆林来盘，在盘锦市委督查室的陪同下，到盘锦远航船厂就省两会《采用传统工艺利用现代技术在盘锦发展绿色造船业的建议》中涉及盘锦市内容现场调研。

6月8日，筹备盘锦石油博物馆非遗展厅布展工作。7月20日，展厅正式启动。

6月，《二界沟：未曾消失的排船》发表于《航空画报》，排船照片刊于画报封面。

7月2日—6日，二界沟排船、小亮沟苇编、盘锦刘坤剪纸、满族民间服饰参加中俄文化艺术论坛（东北亚的故事非遗展），全面展示辽河口工美类非遗魅力。

10月—12月，完成10场非物质文化遗产进校园、进社区活动。活动足迹遍布盘锦市一县三区，5所学校、7个社区、1座场馆。学校分别是盘山县得胜学校、辽河油田实验中学、兴隆台区第二小学、市老年大学、大洼区第三小学。社区分别是兴隆台区商东社区和迎宾社区、双台子区旌旗社区、辽东湾新区久远社区、广厦艺术街、大洼区上口子村和杨家村。共调集各级传承人175人次，累计展示本市非遗85项次。

12月，配合盘锦市商务局，完成第二批辽宁省老字号申报工作。

2018年

2018年，落实辽宁省文化厅工作安排，开展非遗进校园、进社区9场。非遗进校园、进社区分别为商东社区2场、河畔社区2场、市少儿图书馆、景宏社区活动、兴隆台第二小学、大洼第三小学、盘锦职业技术学院图书馆。共有非遗传承人245人次参与，5000余名群众参与活动。

2月8日—10日，在水游城举办"大美迎春盘锦好手艺展示活动"集涉及编结、草艺、织绣、年画、陶器、纸艺、雕刻、琢玉、面塑等10多个专业，35名盘锦优秀工匠现场展示。

5月17日—19日，"那方水土，探美中国"摄制组到二界沟拍摄渔雁文化、红海滩、插秧节。

7月8日，《辽河口》舞台剧在盘锦人民会堂首演。盘锦市非遗中心参与舞台剧《辽河口》剧本创作过程论证5次，并撰写评论文章《用小切口做大文章——辽河口舞台剧架构分析》。

10月1日，"剪纸迎国庆、非遗进社区"活动信息被中央电视台《新闻联播》采用播出。

是年，《盘锦人大》开设非遗专栏，连载我市小亮沟苇编、上口子高跷、二界沟排船等非遗项目。

是年，配合盘锦市政府官方微信"盘锦发布"，完成盘锦春节习俗探源、端午习俗探源两项节日课题，并在节日期间通过《夜读盘锦》分期推出。

是年，组织传承人，在五一国际劳动节、端午节、国庆节节日期间，参与"大美盘锦行"直播活动。让传承人走进直播间，通过电波把非遗故事讲述给外地游客。

2019年

2月18日—19日（正月十四、十五），盘锦兴隆大厦三楼举办"辽河两岸情——2019年元宵节盘锦·营口非物质文化遗产联展"，此次活动历时2天。集中展示盘锦市民间工艺美术类非遗12项、营口市11项，共计23项优秀非遗参展。

2月，根据《关于申报辽宁省第六批省级非物质文化遗产代表性项目名录的通知》文件精神，经基层申报、专家评审、社会公示等工作程序，由盘锦市政府决定，推荐"辽河口渔家菜"等12项市级非物质文化遗产申报第六批省级非物质文化遗产名录。

3月25日，盘锦市文化体育旅游发展促进中心组建工作筹备组成立，市文旅广电局副局长陈建军任组长，中心下设非遗文化服务科，原市非物质文化遗产保护中心机构取消。非遗工作实现从"三无"向"三有"转变，即"有专门机构、有专职人员、有专项经费"。

4月12日，辽宁省文化和旅游厅非遗处陈铁雷（正处级调研员）、省非物质文化遗产保护专家刘仁志两人，调研二界沟排船制作技艺。

6月6日，经盘锦市与无锡市、北京故宫博物院有关部门和单位商定，"盘锦·无锡·故宫文化遗产创意产品展销暨盘锦市第三届文化消费节"活动在辽河民俗博物馆三楼大会议厅启动。活动实现了三个"首次"：一是首次实现北京故宫博物院文创产品走进盘锦。零距离学习故宫模式，探索盘锦文化遗产保护创新方式，引领并形成盘锦做法；二是首次实现盘锦对口合作城市无锡文创产品走进盘锦；三是三地企业签订合作协议，首次实现区域文化交流合作高端对话。

8月8日，立秋，经过半年筹备，田庄台镇16项非遗小吃入驻辽河口老街。

9月23日，"2019中国·盘锦乡村振兴产业博览会"在盘锦市乡村振兴产业园展示中心正式拉开帷幕。非遗项目参与文创馆（辽宁优秀乡村非遗展）、本地特色产品展、盘锦厅布置等板块。

9月30日，辽宁省文化和旅游厅下发《关于公布第一批辽宁省传统工艺振兴名录的通知》，盘锦市省级非遗项目"小亮沟苇编""二界沟排船制作技艺"被列入名录。

11月11日，渤海大学樊丽、高昕、吴晓东带领4名在读研究生来盘调研。

是年，盘锦发布微信公众号对盘锦市非遗项目集中宣传。

2020年

1月1日—10月15日，持续开展辽宁省非遗进校园、进社区惠民实事工程。组织各级非遗传承人，以展销展览、培训、文创等形式，圆满完成7场次非遗进校园、进社区活动。

6月13日，自然和文化遗产日当天举办"盘锦非遗购物节"（线下），并同步开展线上系列宣传活动。

6月18日，盘锦市人民政府办公室公布第六批非物质文化遗产代表性项目名录。"二界沟滑樯式风船使用技艺、辽河口拍苦技艺、兴隆台皮具制作技艺、辽河摆渡习俗"四项目列入保护名录。"三合居清真熏酱技艺、田庄台馅饼制作技艺"两项目列入扩展名录。

6月29日，辽宁省文旅厅下发《关于命名辽宁省非物质文化遗产传习基地的通知》，盘锦忠贤文化艺术团、盘锦远航船厂获评省级非物质文化遗产传习基地。

9月15日—17日，为助力盘锦市农村装备暨特色优势农产品展销会，特举办2020盘锦市非物质文化遗产（传统工艺）展活动。

9月20日，辽宁省非遗进景区暨盘锦高跷秧歌展演活动举办。大洼区西安镇上口子村的上口子高跷秧歌博物馆正式揭牌。

9月22日—24日，举办中国盘锦乡村振兴产业博览会（辽宁省乡村非物质文化遗产展）。

9月25日，盘锦市文化旅游和广播电视局下发《关于公布盘锦市级非物质文化遗产代表性项目保护单位的通知》，完成市级非遗保护单位认定（或调整）工作，确立所有市级非遗项目保护单位，并明确保护职责。

9月26日，盘锦市文化旅游和广播电视局下发《关于公布盘锦市第二批市级非物质文化遗产项目代表性传承人的通知》，认定袁树义、张春发等31人为市级代表性传承人。

12月1日，出台《盘锦市市级非物质文化遗产代表性传承人认定及管理办法》，系盘锦市首部非遗管理办法。

同日，辽宁省人民政府批准第六批省级非物质文化遗产代表性项目名录46项，予以公布。盘锦市"宝发祥月饼制作技艺、二界沟郭氏虾油虾酱制作技艺、刘家果子制作技艺、辽河口渔家菜特色食材加工技艺与习俗"四项目成功晋升省级名录。

附录2 | 盘锦市市级一至六批非物质文化遗产代表性项目名录

盘锦市第一批市级非物质文化遗产代表性项目名录
（2008年6月19日）

序号	项目	类别	备注
001	古渔雁民间故事	民间文学	国家级
002	上口子高跷秧歌	民间舞蹈	国家级
003	民间香蜡制作技艺	传统手工技艺	省级
004	大荒皮影戏	民间传统戏剧	省级
005	小亮沟苇编制作技艺	传统手工技艺	省级（更名：小亮沟苇编）
006	荣兴朝鲜族乡"农乐舞"	民间舞蹈	
007	田庄台镇龙舞	民间舞蹈	

盘锦市第二批市级非物质文化遗产代表性项目名录
（2011年1月6日）

序号	项目	类别	备注
008	盘锦鼓乐	民间音乐	
009	田庄台庙会	民俗	
010	盘锦永顺泉白酒传统酿造技艺	传统手工技艺	
011	盘锦民谣	民间文学	
012	老胡家烧鸡	传统手工技艺	省级（更名为：老胡家烧鸡制作技艺）

盘锦市第三批市级非物质文化遗产代表性项目名录
（2013年10月15日）

序号	项目	类别	申请地区或单位
013	新开舞狮	传统舞蹈	大洼县
014	盘锦刘坤剪纸	传统美术	盘锦市群众艺术馆
015	盘锦核雕	传统美术	盘锦市群众艺术馆
016	盘锦苇画	传统美术	盘锦市群众艺术馆
017	大洼掇绣	传统美术	大洼县
018	绕阳湾渔猎技艺	传统技艺	盘山县
019	满族民间服饰	传统技艺	盘锦市群众艺术馆
020	刘家果子制作技艺	传统技艺	大洼县
021	大洼稻占技艺	传统技艺	大洼县
022	田庄台古镇河灯	民俗	大洼县

盘锦市第四批市级非物质文化遗产代表性项目名录
（2015年12月31日）

序号	项目	类别	申请地区或单位
023	辽河口渔家菜	传统技艺	盘锦福德汇餐饮管理有限公司
024	沙岭大集	民俗	盘山县
025	二界沟郭氏虾油虾酱	传统技艺	大洼县
026	二界沟网铺	传统技艺	大洼县
027	品燊鱻清真菜品	传统技艺	大洼县
028	二界沟渔家号子	民间音乐	大洼县
029	二界沟渔家祭祀	民俗	大洼县
030	凤桥老窖	传统技艺	大洼县
031	新开龙凤轿坊	民俗	大洼县
032	二界沟地秧歌	传统舞蹈	辽东湾新区
033	二界沟排船	传统技艺	大洼县

盘锦市第五批市级非物质文化遗产代表性项目名录
（2017年5月19日）

序号	项目		类别
034	辽河口寸子舞		传统舞蹈
035	辽河口儿童玩耍		传统游艺
036	双台子民间刺绣		传统美术
037	辽河口海泥土陶		传统美术
038	胡家卤蟹		传统技艺
039	兴隆台战氏草编		传统技艺
040	田庄台小吃	王把粘食制作技艺	传统技艺
		田庄台席	
		正兴和元宵、油茶制作技艺	
		宝发祥月饼、白皮制作技艺	
		老于头手包饺	
		老魏家葱花饼、盒糕制作技艺	
		孙家扣肉	
041	辽河口婚俗		民俗

盘锦市第六批市级非物质文化遗产代表性项目名录
（2020年6月18日）

序号	项目	类别	申请地区或单位
042	二界沟滑櫓式风船使用技艺	传统技艺	大洼区
043	辽河口拍苫技艺	传统技艺	大洼区
044	兴隆台皮具制作技艺	传统技艺	兴隆台区
045	辽河摆渡习俗	民俗	大洼区

盘锦市第一批市级非物质文化遗产代表性项目扩展名录

序号	项目		类别	
040	田庄台小吃	三合居清真熏酱技艺	传统技艺	大洼区
		田庄台馅饼制作技艺		

盘锦市非物质文化遗产代表性项目名录项目代表性传承人
（2021年）

序号	项目编号	项目类别	项目名称	市级代表性传承人	备注
1	Ⅰ-001	民间文学	古渔雁民间故事（国家级）	刘则亭	国家级代表性传承人
2				贾钰焓	
3	Ⅰ-002	民间文学	盘锦民谣	佟伟	
4	Ⅱ-001	传统音乐	盘锦鼓乐	曲洪生	
5				李东亮	
6	Ⅱ-002	传统音乐	二界沟渔家号子	杨秀光	
7	Ⅲ-001	传统舞蹈	高跷（上口子高跷）（国家级）	张中贤	国家级代表性传承人
8				杨盼	
9				庞宝军	
10				王世柏	
11				张宝印	
12	Ⅲ-002	传统舞蹈	荣兴朝鲜族乡农乐舞	吴松子	
13	Ⅲ-003	传统舞蹈	田庄台龙舞	齐志刚	
14	Ⅲ-004	传统舞蹈	新开舞狮	霍延东	
15	Ⅲ-005	传统舞蹈	二界沟地秧歌	孙桂珍	
16	Ⅲ-006	传统舞蹈	辽河口寸子舞	付素霞	
17	Ⅳ-001	传统戏剧	大荒皮影戏（省级）	张永怀	
18				张庆年	
19				张桂芳	
20				李春印	
21	Ⅶ-001	传统美术	盘锦刘坤剪纸	刘书坤	
22	Ⅶ-002	传统美术	盘锦核雕	郑家榜	
23	Ⅶ-003	传统美术	盘锦苇画	周玉友	
24	Ⅶ-004	传统美术	大洼掇绣	李淑云	

续表

序号	项目编号	项目类别	项目名称		市级代表性传承人	备注
25	VII-005	传统美术	双台子区民间刺绣		纪伟娟	
26	VII-006	传统美术	辽河口海泥土陶		高明祥	
27	VIII-001	传统技艺	民间香蜡制作技艺（省级）		雷雨田	
28	VIII-002	传统技艺	小亮沟苇编（省级）		姜万玲	
29					唐　恒	
30	VIII-003	传统技艺	盘锦永顺泉白酒传统酿造工艺		周中志	
31	VIII-004	传统技艺	老胡家烧鸡制作技艺（省级）		胡志雁	省级代表性传承人
32					胡春松	
33	VIII-005	传统技艺	满族民间服饰		张立新	
34	VIII-006	传统技艺	刘家果子制作技艺（省级）		刘　成	
35	VIII-007	传统技艺	大洼稻占技艺		王洪阁	
36	VIII-008	传统技艺	二界沟排船制作技艺（省级）		张兴华	省级代表性传承人
37					张茂胜	
38	VIII-009	传统技艺	辽河口渔家菜		张嵩	
39					辛亚萍	
40	VIII-010	传统技艺	二界沟郭氏虾油虾酱制作技艺（省级）		郭立柱	
41	VIII-012	传统技艺	品粦鱻清真菜品		宛玉德	
42	VIII-013	传统技艺	凤桥老窖		袁树义	
43					张春发	
44	VIII-014	传统技艺	胡家卤蟹		张海涛	
45	VIII-015	传统技艺	兴隆台战氏草编		战向英	
46	VIII-016	传统技艺	田庄台小吃	王把粘食制作技艺	王秀荣	
47		传统技艺		田庄台席	郭宏斌	
48		传统技艺		正兴合元宵、油茶制作技艺	白城军	

续表

序号	项目编号	项目类别	项目名称		市级代表性传承人	备注
49	Ⅷ-016	传统技艺	田庄台小吃	宝发祥月饼制作技艺（省级）	胡春利	
50		传统技艺		老于头手包饺	于占波	
51		传统技艺		老魏家葱花饼、盒糕制作技艺	魏子军	
52		传统技艺		孙家扣肉	孙世武	
53	X-001	民俗		田庄台庙会	张亚清	
54	X-002	民俗		绕阳湾渔猎技艺	张亚镇	
55	X-003	民俗		田庄台古镇河灯	张亚清	
56	X-004	民俗	沙岭大集	恒祥号商店	王兴利	
57		民俗		孟氏编织	孟祥库	
58		民俗		张家豆腐坊	张世财	

盘锦市级非物质文化遗产代表性项目保护单位名单（2020年）

序号	项目编号	项目类别	市级项目名称	保护单位
1	Ⅰ-001	民间文学	古渔雁民间故事	盘锦市大洼区文化体育旅游发展促进中心
2	Ⅰ-002	民间文学	盘锦民谣	盘锦市文化馆
3	Ⅱ-001	传统音乐	盘锦鼓乐	盘锦市文化馆
4	Ⅱ-002	传统音乐	二界沟渔家号子	盘锦海韵洁环卫服务有限责任公司
5	Ⅲ-001	传统舞蹈	高跷（上口子高跷）	盘锦市文化馆
6	Ⅲ-002	传统舞蹈	荣兴朝鲜族乡农乐舞	盘锦市大洼区荣兴街道中央屯社区朝鲜族老年协会
7	Ⅲ-003	传统舞蹈	田庄台龙舞	盘锦田庄台小吃文化研究会
8	Ⅲ-004	传统舞蹈	新开舞狮	盘锦延东文化艺术团有限责任公司

续表

序号	项目编号	项目类别	市级项目名称	保护单位
9	Ⅲ-005	传统舞蹈	二界沟地秧歌	盘锦海韵洁环卫服务有限责任公司
10	Ⅲ-006	传统舞蹈	辽河口寸子舞	盘锦市文化馆
11	Ⅳ-001	传统戏剧	大荒皮影戏	盘锦得胜文化旅游服务有限公司
12	Ⅵ-001	传统体育、游艺与杂技	辽河口儿童玩耍	盘锦市文化馆
13	Ⅶ-001	传统美术	盘锦刘坤剪纸	盘锦市文化馆
14	Ⅶ-002	传统美术	盘锦核雕	盘锦市文化馆
15	Ⅶ-003	传统美术	盘锦苇画	盘锦市文化馆
16	Ⅶ-004	传统美术	大洼掇绣	盘锦市大洼区文化体育旅游发展促进中心
17	Ⅶ-005	传统美术	双台子区民间刺绣	盘锦市双台子区文化体育旅游发展促进中心
18	Ⅶ-006	传统美术	辽河口海泥土陶	盘锦市文化馆
19	Ⅷ-001	传统技艺	民间香蜡制作技艺	盘锦市文化馆
20	Ⅷ-002	传统技艺	小亮沟苇编	盘锦小亮沟苇艺草编专业合作社
21	Ⅷ-003	传统技艺	盘锦永顺泉白酒传统酿造工艺	盘锦市盘山酒业有限公司
22	Ⅷ-004	传统技艺	老胡家烧鸡制作技艺	盘锦老胡家食品有限公司
23	Ⅷ-005	传统技艺	满族民间服饰	盘锦市文化馆
24	Ⅷ-006	传统技艺	刘家果子制作技艺	盘锦田庄台小吃文化研究会
25	Ⅷ-007	传统技艺	大洼稻占技艺	盘锦稻谷香食品有限公司
26	Ⅷ-008	传统技艺	二界沟排船制作技艺	盘锦宝航船务有限责任公司
27	Ⅷ-009	传统技艺	辽河口渔家菜特色食材加工技艺与习俗	盘锦辽河民俗博物馆有限公司
28	Ⅷ-010	传统技艺	二界沟郭氏虾油虾酱制作技艺	盘锦宝航船务有限责任公司
29	Ⅷ-011	传统技艺	二界沟网铺	盘锦市大洼区文化体育旅游发展促进中心

序号	项目编号	项目类别	市级项目名称		保护单位
30	Ⅷ-012	传统技艺	品鱻鱻清真菜品		盘锦田庄台小吃文化研究会
31	Ⅷ-013	传统技艺	凤桥老窖		盘锦田庄台小吃文化研究会
32	Ⅷ-014	传统技艺	胡家卤蟹		盘锦海涛水产有限公司
33	Ⅷ-015	传统技艺	兴隆台战氏草编		盘锦市兴隆台区文化和旅游发展服务中心
34	Ⅷ-016	传统技艺	田庄台小吃	王把粘食制作技艺	盘锦田庄台小吃文化研究会
35		传统技艺		田庄台席	盘锦田庄台小吃文化研究会
36		传统技艺		正兴合元宵、油茶制作技艺	盘锦田庄台小吃文化研究会
37		传统技艺		宝发祥月饼制作技艺	盘锦田庄台小吃文化研究会
38		传统技艺		老于头手包饺	盘锦田庄台小吃文化研究会
39		传统技艺		老魏家葱花饼、盒糕制作技艺	盘锦田庄台小吃文化研究会
40		传统技艺		孙家扣肉	盘锦田庄台小吃文化研究会
41		传统技艺		田庄台馅饼制作技艺	盘锦田庄台小吃文化研究会
42		传统技艺		三合居清真熏酱技艺	盘锦田庄台小吃文化研究会
43	Ⅷ-017	传统技艺	二界沟滑檐式风船使用技艺		盘锦宝航船务有限责任公司
44	Ⅷ-018	传统技艺	辽河口拍苦技艺		盘锦市文化体育旅游发展促进中心
45	Ⅷ-019	传统技艺	兴隆台皮具制作技艺		盘锦市兴隆台区文化和旅游发展服务中心
46	X-001	民俗	田庄台庙会		盘锦田庄台小吃文化研究会
47	X-002	民俗	绕阳湾渔猎技艺		盘锦绕阳河文化旅游有限公司
48	X-003	民俗	田庄台古镇河灯		盘锦田庄台小吃文化研究会
49	X-004	民俗	沙岭大集	恒祥号商店	盘山县文化旅游事务服务中心
50				孟氏编织	
51				张家豆腐坊	

续表

序号	项目编号	项目类别	市级项目名称	保护单位
52	X-005	民俗	二界沟渔家祭祀	盘锦海韵洁环卫服务有限责任公司
53	X-006	民俗	新开龙凤轿坊	盘锦延东文化艺术团有限责任公司
54	X-007	民俗	辽河口婚俗	盘锦市文化馆
55	X-008	民俗	辽河摆渡习俗	盘锦辽河绿水湾休闲娱乐有限公司

参考书目

［1］王树楠、吴廷燮、金毓黻. 奉天通志［M］. 沈阳：沈阳古旧书店，1983.

［2］杨春风，杨洪琦. 辽宁地域文化通览·盘锦卷［M］. 沈阳：辽宁人民出版社，2014.

［3］杨洪琦，杨春风. 盘锦市文物志［M］. 沈阳：辽宁人民出版社，2014.

［4］杨春风. 盘锦事情：辽河口湿地的城市镜像［M］. 沈阳：辽宁人民出版社，2017.

［5］杨春风. 田庄台事情：辽河水道文明纪实［M］. 沈阳：辽宁人民出版社，2011.

［6］盘锦市人民政府地方志办公室. 盘山县志：伪康德元年［M］. 沈阳：辽宁民族出版社，2001.

［7］盘锦市人民政府地方志办公室. 盘山县志略：民国四年［M］. 沈阳：辽宁民族出版社，2001.

［8］盘锦市人民政府地方志办公室. 盘山厅志：宣统二年［M］. 沈阳：辽宁民族出版社，2001.

［9］张克湘等. 辽宁府县志辑：民国海城县志［M］. 南京：凤凰出版社，2012.

［10］盘锦市人民政府地方志办公室. 盘锦市志·科教文化卷［M］. 北京：方志出版社，1999.

［11］盘锦市人民政府地方志办公室. 盘锦市志·综合卷［M］. 北京：方志出版社，1998.

［12］盘锦市人民政府地方志办公室．盘锦市志·农业卷［M］．北京：方志出版社，1998．

［13］盘锦市人民政府地方志办公室．盘锦市志·工业卷［M］．北京：方志出版社，1998．

［14］盘锦市人民政府地方志办公室．盘锦市志：经贸卷［M］．北京：方志出版社，1998．

［15］宋普亚．大洼县志［M］．沈阳：沈阳出版社，1998．

［16］中国民间文学集成辽宁卷盘锦市卷编委会．中国民间文学集成：辽宁卷盘锦市卷［M］．丹东：辽宁省宽甸县印刷厂，1988．

［17］辽宁民族民间舞蹈集成编辑部．辽宁民族民间舞蹈集成·盘锦卷［M］．沈阳：春风文艺出版社，1994．

［18］李润中．中国民族民间器乐曲集成：辽宁卷盘锦分卷［M］．沈阳：沈阳图书馆，1990．

［19］李润中．盘锦民间鼓乐［M］．北京：人民音乐出版社，2007．

［20］盘锦市文化志编委会．盘锦市文化志［M］．盘锦市文化局，2004．

［21］中共盘锦市委办公室，盘锦市人民政府办公室．关于印发《盘锦市市情概况（2019版）》的通知［Z］．2019-4-12．

［22］杨春风．下辽河湿地的大荒皮影［J］．今日辽宁，2015（3）．

［23］严雪明．民间传统儿童游戏原型探究：以河南周口地区民间传统儿童游戏为例［J］．广东开放大学学报，2020（5）．

［24］王琦．清末东北三省盐务机构述略［J］．辽宁大学学报（哲学社会科学版），2000（2）．

后　记

　　2018年初冬，盘锦市原文物管理办公室主任杨洪琦老师找我讨论出版课题，我不假思索地把《盘锦市非物质文化遗产概览》脱口而出。原因是，辽宁省地级市大多已经出版，相比而言盘锦市却是空白。三旬过后，现辽宁省作家协会报告文学专委会主任、盘锦市作家协会主席杨春风老师打来电话，建议由我来写此书。他说，理由很简单，最了解非物质文化遗产的是传承人，而最了解盘锦非遗的人只能是你。诚惶诚恐之下，再三思量，是年12月，着手启动此项工作。

　　从非遗视角聚焦盘锦。随着海量信息纷至涌来，顿觉压力倍增，主要压力有三。此书得到盘锦市委宣传部、市政协文化和文史委、市文化旅游和广播电视局等单位主要领导大力支持，恐愧对社会各界的关注，是为一股压力；如何用非遗客观真实地展现盘锦的历史纵深和区域特征，现今看来仍是心怀忐忑；概览，多为提纲挈领的表述，简明扼要，且一目了然。如何高度凝练地绘制出一幅生动的非遗长卷，成为第三股压力。经过征求杨春风老师意见，《概览》明确了"四要"的编撰方向，历史沿革要支撑城市文脉，体例要参照辽宁省非遗概览，文字要有可读性，形式要有创新。从动笔到初成已四年有半。其间，辽河口文化被列入《盘锦市"十四五"规划和2035年远景目标》且单节表述，市政府公布了第六批市级非遗代表性项目名录、市文化行政部门认定了第二批市级代表性传承人、市级非遗保护单位完成认定及调整，等等。相关文稿均适时调整增补，力求内容完善准确，整体分量亦增色不少。

　　世间本无一成不变的事物。非遗从历史中走来，势必随着社会环境的转变而发生变化，这一过程往往不可逆转。非遗保护工作的核心就是防备或延缓传统内容的巨变，在现代文明高速发展的今天显然是逆势而为。本着对"传统势必回归"的信心，主观地将非遗中不应该"变"的内容筛选出来，在文中侧重表述，以期应对未来的诸般变化。每项非遗尽可能按照项目简介、历史沿革、主要内容、保护成果四个板块概述。按照文化和旅游部最新非遗分类标准分章，除民间文学外，皆以"传统"替代"民间"，如民间美术调整为传统美术，以此类推；资料来源以申遗材料为基础，综合多年调研成果，借鉴已经出版发表的著作稿件，力求巩固提升现有宣传推广成果。非遗既称遗产，就是盘锦全社会的精神财富。基于此点，历史佐证以国史、方志、家谱、政协文史资料、镇志、村史为依据并渐次取舍，即首选《奉天通志》《辽宁地域文化通览·盘锦卷》等志书记载，次选家谱、师徒谱系等痕迹，从辽河口文化整体出发，最大限度保证非遗的生态性和代表性。个别名称尊重历史和事实，未作调整。如"二界沟排船"的"排"字，以当地称呼为准。"王把粘食制作技艺"的"粘"为当地用字，不作"黏"字替换，等等。

非遗成书得益于盘锦市领导的持续推动和专家学者、传承人的大力支持。2014年开始，时任盘锦副市长姜冰同志着力开展非遗保护工作，亲力亲为地抢救挖掘非遗项目、组织实施宣传推广活动，为今天之局面奠定了坚实基础。2019年，时任盘锦市委常委、常务副市长王庆良高度重视地域文化保护传承，务实推动非遗保护工作，现今虽不在盘锦工作，仍持续牵挂家乡文化。编撰过程中，辽河口文化研究会会长杨洪琦老师协调各方面事宜，让我安心码字，四年来数十遍地叮嘱督促。每与杨春风老师会面，最后都会被问及稿子进度。现在回想，仍双颊发热。有师有友如此，确为人生幸事！市委宣传部副部长夏华对非遗支撑盘锦文脉尤为关注，多次给出合理化建议。市文旅广电局副局长陈建军考虑到著书任务繁重，在统筹工作时予以倾斜。市民间文艺家协会主席张嵩、"大国工匠"张兴华、田庄台小吃文化研究会会长张朝伟等友人高度关注此事，期待书成。辽宁人民出版社责任编辑祁雪芬老师严谨而耐心地审阅文图，近乎苛刻的专业操守让此书提高了一个维度。在此一并致以最诚挚的感谢！当然，最该感谢的还是各位非遗传承人，与他们的坚守相比，写作的辛苦已然不值一提。

非遗画像，重在气质。非遗与城市同步前行，在乡村振兴、文明城市建设、地域文化传承发展等方面躬亲力行。面对朴实而深邃的传统文化，自感才疏学浅，心有余而能力不足。受体例篇幅限制，只能对文字图片大做减法，表述不准不详不精在所难免。如果能发挥抛砖引玉的作用，吸引各界有识之士研究关注盘锦非遗，那么就实现了我"留住乡愁，以飨观者"的初衷。

张 明

2022年8月